VOCABULARIO ALBANÉS
palabras más usadas

Los vocabularios de T&P Books buscan ayudar al aprendiz a aprender, memorizar y repasar palabras de idiomas extranjeros. Los vocabularios contienen más de 7000 palabras comúnmente usadas y organizadas de manera temática.

- El vocabulario contiene las palabras corrientes más usadas.
- Se recomienda como ayuda adicional a cualquier curso de idiomas.
- Capta las necesidades de aprendices de nivel principiante y avanzado.
- Es conveniente para uso cotidiano, prácticas de revisión y actividades de auto-evaluación.
- Facilita la evaluación del vocabulario.

Aspectos claves del vocabulario

- Las palabras se organizan según el significado, no según el orden alfabético.
- Las palabras se presentan en tres columnas para facilitar los procesos de repaso y auto-evaluación.
- Los grupos de palabras se dividen en pequeñas secciones para facilitar el proceso de aprendizaje.
- El vocabulario ofrece una transcripción sencilla y conveniente de cada palabra extranjera.

El vocabulario contiene 198 temas que incluyen lo siguiente:

Conceptos básicos, números, colores, meses, estaciones, unidades de medidas, ropa y accesorios, comida y nutrición, restaurantes, familia nuclear, familia extendida, características de personalidad, sentimientos, emociones, enfermedades, la ciudad y el pueblo, exploración del paisaje, compras, finanzas, la casa, el hogar, la oficina, el trabajo en oficina, importación y exportación, promociones, búsqueda de trabajo, deportes, educación, computación, la red, herramientas, la naturaleza, los países, las nacionalidades y más …

TABLA DE CONTENIDO

ALBANÉS
VOCABULARIO

ESPAÑOL-ALBANÉS

Las palabras más útiles
Para expandir su vocabulario y refinar
sus habilidades lingüísticas

7000 palabras

Vocabulario Español-Albanés - 7000 palabras más usadas
por Andrey Taranov

Los vocabularios de T&P Books buscan ayudar en el aprendizaje, la memorización y la revisión de palabras de idiomas extranjeros. El diccionario se divide por temas, cubriendo toda la esfera de las actividades cotidianas, de negocios, ciencias, cultura, etc.

El proceso de aprendizaje de palabras utilizando los diccionarios temáticos de T&P Books le proporcionará a usted las siguientes ventajas:

- La información del idioma secundario está organizada claramente y predetermina el éxito para las etapas subsiguientes en la memorización de palabras.
- Las palabras derivadas de la misma raíz se agrupan, lo cual permite la memorización de grupos de palabras en vez de palabras aisladas.
- Las unidades pequeñas de palabras facilitan el proceso de reconocimiento de enlaces de asociación que se necesitan para la cohesión del vocabulario.
- De este modo, se puede estimar el número de palabras aprendidas y así también el nivel de conocimiento del idioma.

T&P Books Publishing
www.tpbooks.com

ISBN: 978-1-78767-023-5

Este libro está disponible en formato electrónico o de E-Book también.
Visite www.tpbooks.com o las librerías electrónicas más destacadas en la Red.

GUÍA DE PRONUNCIACIÓN

T&P alfabeto fonético	Ejemplo albanés	Ejemplo español
[a]	flas [flas]	radio
[e], [ɛ]	melodi [mɛlodí]	princesa
[ə]	kërkoj [kərkój]	llave
[i]	pikë [píkə]	ilegal
[o]	motor [motór]	bordado
[u]	fuqi [fucí]	mundo
[y]	myshk [myʃk]	pluma
[b]	brakë [brákə]	en barco
[c]	oqean [ocɛán]	porche
[d]	adoptoj [adoptój]	desierto
[dz]	lexoj [lɛdzój]	inglés kids
[dʒ]	xham [dʒam]	jazz
[ð]	dhomë [ðómə]	alud
[f]	i fortë [i fórtə]	golf
[g]	bullgari [buɫgarí]	jugada
[h]	jaht [jáht]	registro
[j]	hyrje [hýrjɛ]	asiento
[ɟ]	zgjedh [zɟɛð]	guía
[k]	korik [korík]	charco
[l]	lëviz [ləvíz]	lira
[ɫ]	shkallë [ʃkáɫə]	hablar
[m]	medalje [mɛdáljɛ]	nombre
[n]	klan [klan]	número
[ɲ]	spanjoll [spaɲóɫ]	leña
[ŋ]	trung [truŋ]	rincón
[p]	polici [politsí]	precio
[r]	i erët [i érət]	era, alfombra
[ɾ]	groshë [gróʃə]	pero
[s]	spital [spitál]	salva
[ʃ]	shes [ʃɛs]	shopping
[t]	tapet [tapét]	torre
[ts]	batica [batítsa]	tsunami
[tʃ]	kaçube [katʃúbɛ]	mapache
[v]	javor [javór]	travieso
[z]	horizont [horizónt]	desde
[ʒ]	kuzhinë [kuʒínə]	adyacente
[θ]	përkthej [pərkθéj]	pinzas

ABREVIATURAS
usadas en el vocabulario

Abreviatura en español

adj	-	adjetivo
adv	-	adverbio
anim.	-	animado
conj	-	conjunción
etc.	-	etcétera
f	-	sustantivo femenino
f pl	-	femenino plural
fam.	-	uso familiar
fem.	-	femenino
form.	-	uso formal
inanim.	-	inanimado
innum.	-	innumerable
m	-	sustantivo masculino
m pl	-	masculino plural
m, f	-	masculino, femenino
masc.	-	masculino
mat	-	matemáticas
mil.	-	militar
num.	-	numerable
p.ej.	-	por ejemplo
pl	-	plural
pron	-	pronombre
sg	-	singular
v aux	-	verbo auxiliar
vi	-	verbo intransitivo
vi, vt	-	verbo intransitivo, verbo transitivo
vr	-	verbo reflexivo
vt	-	verbo transitivo

Abreviatura en albanés

f	-	sustantivo femenino
m	-	sustantivo masculino
pl	-	plural

CONCEPTOS BÁSICOS

Conceptos básicos. Unidad 1

1. Los pronombres

yo	Unë, mua	[unə], [múa]
tú	ti, ty	[ti], [ty]
él	ai	[aí]
ella	ajo	[ajó]
ello	ai	[aí]
nosotros, -as	ne	[nɛ]
vosotros, -as	ju	[ju]
ellos	ata	[atá]
ellas	ato	[ató]

2. Saludos. Salutaciones. Despedidas

¡Hola! (fam.)	Përshëndetje!	[pərʃəndétjɛ!]
¡Hola! (form.)	Përshëndetje!	[pərʃəndétjɛ!]
¡Buenos días!	Mirëmëngjes!	[mirəmənɟés!]
¡Buenas tardes!	Mirëdita!	[mirədíta!]
¡Buenas noches!	Mirëmbrëma!	[mirəmbrə́ma!]
decir hola	përshëndes	[pərʃəndés]
¡Hola! (a un amigo)	Ç'kemi!	[tʃ'kémi!]
saludo (m)	përshëndetje (f)	[pərʃəndétjɛ]
saludar (vt)	përshëndes	[pərʃəndés]
¿Cómo estáis?	Si jeni?	[si jéni?]
¿Cómo estás?	Si je?	[si jɛ?]
¿Qué hay de nuevo?	Çfarë ka të re?	[tʃfárə ká tə ré?]
¡Hasta la vista! (form.)	Mirupafshim!	[mirupáfʃim!]
¡Hasta la vista! (fam.)	U pafshim!	[u páfʃim!]
¡Hasta pronto!	Shihemi së shpejti!	[ʃíhɛmi sə ʃpéjti!]
¡Adiós!	Lamtumirë!	[lamtumírə!]
despedirse (vr)	përshëndetem	[pərʃəndétɛm]
¡Hasta luego!	Tungjatjeta!	[tunɟatjéta!]
¡Gracias!	Faleminderit!	[falɛmindérit!]
¡Muchas gracias!	Faleminderit shumë!	[falɛmindérit ʃúmə!]
De nada	Të lutem	[tə lútɛm]
No hay de qué	Asgjë!	[asɟé!]
De nada	Asgjë	[asɟé]

¡Disculpa!	Më fal!	[mə fal!]
¡Disculpe!	Më falni!	[mə fálni!]
discuplar (vt)	fal	[fal]

disculparse (vr)	kërkoj falje	[kərkój fáljɛ]
Mis disculpas	Kërkoj ndjesë	[kərkój ndjésə]
¡Perdóneme!	Më vjen keq!	[mə vjɛn kɛc!]
perdonar (vt)	fal	[fal]
¡No pasa nada!	S'ka gjë!	[s'ka ɟə!]
por favor	të lutem	[tə lútɛm]

¡No se le olvide!	Mos harro!	[mos haró!]
¡Ciertamente!	Sigurisht!	[siguríʃt!]
¡Claro que no!	Sigurisht që jo!	[siguríʃt cə jo!]
¡De acuerdo!	Në rregull!	[nə réguɫ!]
¡Basta!	Mjafton!	[mjaftón!]

3. Números cardinales. Unidad 1

cero	zero	[zéro]
uno	një	[ɲə]
dos	dy	[dy]
tres	tre	[trɛ]
cuatro	katër	[kátər]

cinco	pesë	[pésə]
seis	gjashtë	[ɟáʃtə]
siete	shtatë	[ʃtátə]
ocho	tetë	[tétə]
nueve	nëntë	[nəntə]

diez	dhjetë	[ðjétə]
once	njëmbëdhjetë	[ɲəmbəðjétə]
doce	dymbëdhjetë	[dymbəðjétə]
trece	trembëdhjetë	[trɛmbəðjétə]
catorce	katërmbëdhjetë	[katərmbəðjétə]

quince	pesëmbëdhjetë	[pɛsəmbəðjétə]
dieciséis	gjashtëmbëdhjetë	[ɟaʃtəmbəðjétə]
diecisiete	shtatëmbëdhjetë	[ʃtatəmbəðjétə]
dieciocho	tetëmbëdhjetë	[tɛtəmbəðjétə]
diecinueve	nëntëmbëdhjetë	[nəntəmbəðjétə]

veinte	njëzet	[ɲəzét]
veintiuno	njëzet e një	[ɲəzét ɛ ɲə]
veintidós	njëzet e dy	[ɲəzét ɛ dy]
veintitrés	njëzet e tre	[ɲəzét ɛ trɛ]

treinta	tridhjetë	[triðjétə]
treinta y uno	tridhjetë e një	[triðjétə ɛ ɲə]
treinta y dos	tridhjetë e dy	[triðjétə ɛ dy]
treinta y tres	tridhjetë e tre	[triðjétə ɛ trɛ]
cuarenta	dyzet	[dyzét]
cuarenta y uno	dyzet e një	[dyzét ɛ ɲə]

| cuarenta y dos | dyzet e dy | [dyzét ɛ dy] |
| cuarenta y tres | dyzet e tre | [dyzét ɛ trɛ] |

cincuenta	pesëdhjetë	[pɛsəðjétə]
cincuenta y uno	pesëdhjetë e një	[pɛsəðjétə ɛ ɲə]
cincuenta y dos	pesëdhjetë e dy	[pɛsəðjétə ɛ dy]
cincuenta y tres	pesëdhjetë e tre	[pɛsəðjétə ɛ trɛ]

sesenta	gjashtëdhjetë	[ɟaʃtəðjétə]
sesenta y uno	gjashtëdhjetë e një	[ɟaʃtəðjétə ɛ ɲə]
sesenta y dos	gjashtëdhjetë e dy	[ɟaʃtəðjétə ɛ dý]
sesenta y tres	gjashtëdhjetë e tre	[ɟaʃtəðjétə ɛ tré]

setenta	shtatëdhjetë	[ʃtatəðjétə]
setenta y uno	shtatëdhjetë e një	[ʃtatəðjétə ɛ ɲə]
setenta y dos	shtatëdhjetë e dy	[ʃtatəðjétə ɛ dy]
setenta y tres	shtatëdhjetë e tre	[ʃtatəðjétə ɛ trɛ]

ochenta	tetëdhjetë	[tɛtəðjétə]
ochenta y uno	tetëdhjetë e një	[tɛtəðjétə ɛ ɲə]
ochenta y dos	tetëdhjetë e dy	[tɛtəðjétə ɛ dy]
ochenta y tres	tetëdhjetë e tre	[tɛtəðjétə ɛ trɛ]

noventa	nëntëdhjetë	[nəntəðjétə]
noventa y uno	nëntëdhjetë e një	[nəntəðjétə ɛ ɲə]
noventa y dos	nëntëdhjetë e dy	[nəntəðjétə ɛ dy]
noventa y tres	nëntëdhjetë e tre	[nəntəðjétə ɛ trɛ]

4. Números cardinales. Unidad 2

cien	njëqind	[ɲəcínd]
doscientos	dyqind	[dycínd]
trescientos	treqind	[trɛcínd]
cuatrocientos	katërqind	[katərcínd]
quinientos	pesëqind	[pɛsəcínd]
seiscientos	gjashtëqind	[ɟaʃtəcínd]
setecientos	shtatëqind	[ʃtatəcínd]
ochocientos	tetëqind	[tɛtəcínd]
novecientos	nëntëqind	[nəntəcínd]

mil	një mijë	[ɲə míjə]
dos mil	dy mijë	[dy míjə]
tres mil	tre mijë	[trɛ míjə]
diez mil	dhjetë mijë	[ðjétə míjə]
cien mil	njëqind mijë	[ɲəcínd míjə]
millón (m)	milion (m)	[milión]
mil millones	miliardë (f)	[miliárdə]

5. Números. Fracciones

| fracción (f) | thyesë (f) | [θýɛsə] |
| un medio | gjysma | [ɟýsma] |

| un tercio | një e treta | [ɲə ɛ tréta] |
| un cuarto | një e katërta | [ɲə ɛ kátərta] |

un octavo	një e teta	[ɲə ɛ téta]
un décimo	një e dhjeta	[ɲə ɛ ðjéta]
dos tercios	dy të tretat	[dy tə trétat]
tres cuartos	tre të katërtat	[trɛ tə kátərtat]

6. Números. Operaciones básicas

sustracción (f)	zbritje (f)	[zbrítjɛ]
sustraer (vt)	zbres	[zbrɛs]
división (f)	pjesëtim (m)	[pjɛsətím]
dividir (vt)	pjesëtoj	[pjɛsətój]

adición (f)	mbledhje (f)	[mbléðjɛ]
sumar (totalizar)	shtoj	[ʃtoj]
adicionar (vt)	mbledh	[mbléð]
multiplicación (f)	shumëzim (m)	[ʃuməzím]
multiplicar (vt)	shumëzoj	[ʃuməzój]

7. Números. Miscelánea

cifra (f)	shifër (f)	[ʃífər]
número (m) (~ cardinal)	numër (m)	[númər]
numeral (m)	numerik (m)	[numɛrík]
menos (m)	minus (m)	[minús]
más (m)	plus (m)	[plus]
fórmula (f)	formulë (f)	[formúlə]

cálculo (m)	llogaritje (f)	[ɬogarítjɛ]
contar (vt)	numëroj	[numərój]
calcular (vt)	llogaris	[ɬogarís]
comparar (vt)	krahasoj	[krahasój]

¿Cuánto?	Sa?	[sa?]
suma (f)	shuma (f)	[ʃúma]
resultado (m)	rezultat (m)	[rɛzultát]
resto (m)	mbetje (f)	[mbétjɛ]

algunos, algunas ...	disa	[disá]
poco (adv)	pak	[pak]
poco (num.)	disa	[disá]
poco (innum.)	pak	[pak]
resto (m)	mbetje (f)	[mbétjɛ]
uno y medio	një e gjysmë (f)	[ɲə ɛ ɟýsmə]
docena (f)	dyzinë (f)	[dyzínə]

en dos	përgjysmë	[pərɟýsmə]
en partes iguales	gjysmë për gjysmë	[ɟýsmə pər ɟýsmə]
mitad (f)	gjysmë (f)	[ɟýsmə]
vez (f)	herë (f)	[hérə]

8. Los verbos más importantes. Unidad 1

abrir (vt)	hap	[hap]
acabar, terminar (vt)	përfundoj	[pərfundój]
aconsejar (vt)	këshilloj	[kəʃitój]
adivinar (vt)	hamendësoj	[hamɛndəsój]
advertir (vt)	paralajmëroj	[paralajmərój]
alabarse, jactarse (vr)	mburrem	[mbúrɛm]

almorzar (vi)	ha drekë	[ha drékə]
alquilar (~ una casa)	marr me qira	[mar mɛ cirá]
amenazar (vt)	kërcënoj	[kərtsənój]
arrepentirse (vr)	pendohem	[pɛndóhɛm]
ayudar (vt)	ndihmoj	[ndihmój]
bañarse (vr)	notoj	[notój]

bromear (vi)	bëj shaka	[bəj ʃaká]
buscar (vt)	kërkoj …	[kərkój …]
caer (vi)	bie	[bíɛ]
callarse (vr)	hesht	[hɛʃt]
cambiar (vt)	ndryshoj	[ndryʃój]
castigar, punir (vt)	ndëshkoj	[ndəʃkój]

cavar (vt)	gërmoj	[gərmój]
cazar (vi, vt)	dal për gjah	[dál pər ɹáh]
cenar (vi)	ha darkë	[ha dárkə]
cesar (vt)	ndaloj	[ndalój]
coger (vt)	kap	[kap]
comenzar (vt)	filloj	[fitój]

comparar (vt)	krahasoj	[krahasój]
comprender (vt)	kuptoj	[kuptój]
confiar (vt)	besoj	[bɛsój]
confundir (vt)	ngatërroj	[ŋatərój]
conocer (~ a alguien)	njoh	[ɲóh]
contar (vt) (enumerar)	numëroj	[numərój]

contar con …	mbështetem …	[mbəʃtétɛm …]
continuar (vt)	vazhdoj	[vaʒdój]
controlar (vt)	kontrolloj	[kontroɫój]
correr (vi)	vrapoj	[vrapój]
costar (vt)	kushton	[kuʃtón]
crear (vt)	krijoj	[krijój]

9. Los verbos más importantes. Unidad 2

dar (vt)	jap	[jap]
dar una pista	aludoj	[aludój]
decir (vt)	them	[θɛm]
decorar (para la fiesta)	zbukuroj	[zbukurój]

defender (vt)	mbroj	[mbrój]
dejar caer	lëshoj	[ləʃój]

desayunar (vi)	ha mëngjes	[ha mənɲés]
descender (vi)	zbres	[zbrɛs]

dirigir (administrar)	drejtoj	[drɛjtój]
disculpar (vt)	fal	[fal]
disculparse (vr)	kërkoj falje	[kərkój fáljɛ]
discutir (vt)	diskutoj	[diskutój]
dudar (vt)	dyshoj	[dyʃój]

encontrar (hallar)	gjej	[ɟéj]
engañar (vi, vt)	mashtroj	[maʃtrój]
entrar (vi)	hyj	[hyj]
enviar (vt)	dërgoj	[dərgój]

equivocarse (vr)	gaboj	[gabój]
escoger (vt)	zgjedh	[zɟɛð]
esconder (vt)	fsheh	[fʃéh]
escribir (vt)	shkruaj	[ʃkrúaj]
esperar (aguardar)	pres	[prɛs]

esperar (tener esperanza)	shpresoj	[ʃprɛsój]
estar de acuerdo	bie dakord	[bíɛ dakórd]
estudiar (vt)	studioj	[studiój]

exigir (vt)	kërkoj	[kərkój]
existir (vi)	ekzistoj	[ɛkzistój]
explicar (vt)	shpjegoj	[ʃpjɛgój]
faltar (a las clases)	humbas	[humbás]
firmar (~ el contrato)	nënshkruaj	[nənʃkrúaj]

girar (~ a la izquierda)	kthej	[kθɛj]
gritar (vi)	bërtas	[bərtás]
guardar (conservar)	mbaj	[mbáj]
gustar (vi)	pëlqej	[pəlcéj]
hablar (vi, vt)	flas	[flas]

hacer (vt)	bëj	[bəj]
informar (vt)	informoj	[informój]
insistir (vi)	këmbëngul	[kəmbəŋúl]
insultar (vt)	fyej	[fýɛj]

interesarse (vr)	interesohem ...	[intɛrɛsóhɛm ...]
invitar (vt)	ftoj	[ftoj]
ir (a pie)	ec në këmbë	[ɛts nə kémbə]
jugar (divertirse)	luaj	[lúaj]

10. Los verbos más importantes. Unidad 3

leer (vi, vt)	lexoj	[lɛdzój]
liberar (ciudad, etc.)	çliroj	[tʃlirój]
llamar (por ayuda)	thërras	[θərás]
llegar (vi)	arrij	[aríj]
llorar (vi)	qaj	[caj]
matar (vt)	vras	[vras]

mencionar (vt)	përmend	[pərménd]
mostrar (vt)	tregoj	[trɛgój]
nadar (vi)	notoj	[notój]
negarse (vr)	refuzoj	[rɛfuzój]
objetar (vt)	kundërshtoj	[kundərʃtój]
observar (vt)	vëzhgoj	[vəʒgój]
oír (vt)	dëgjoj	[dəɟój]
olvidar (vt)	harroj	[harój]
orar (vi)	lutem	[lútɛm]
ordenar (mil.)	urdhëroj	[urðərój]
pagar (vi, vt)	paguaj	[pagúaj]
pararse (vr)	ndaloj	[ndalój]
participar (vi)	marr pjesë	[mar pjésə]
pedir (ayuda, etc.)	pyes	[pýɛs]
pedir (en restaurante)	porosis	[porosís]
pensar (vi, vt)	mendoj	[mɛndój]
percibir (ver)	vërej	[vəréj]
perdonar (vt)	fal	[fal]
permitir (vt)	lejoj	[lɛjój]
pertenecer a ...	përkas ...	[pərkás ...]
planear (vt)	planifikoj	[planifikój]
poder (v aux)	mund	[mund]
poseer (vt)	zotëroj	[zotərój]
preferir (vt)	preferoj	[prɛfɛrój]
preguntar (vt)	pyes	[pýɛs]
preparar (la cena)	gatuaj	[gatúaj]
prever (vt)	parashikoj	[paraʃikój]
probar, tentar (vt)	përpiqem	[pərpícɛm]
prometer (vt)	premtoj	[prɛmtój]
pronunciar (vt)	shqiptoj	[ʃciptój]
proponer (vt)	propozoj	[propozój]
quebrar (vt)	ndahem	[ndáhɛm]
quejarse (vr)	ankohem	[ankóhɛm]
querer (amar)	dashuroj	[daʃurój]
querer (desear)	dëshiroj	[dəʃirój]

11. Los verbos más importantes. Unidad 4

recomendar (vt)	rekomandoj	[rɛkomandój]
regañar, reprender (vt)	qortoj	[cortój]
reírse (vr)	qesh	[cɛʃ]
repetir (vt)	përsëris	[pərsərís]
reservar (~ una mesa)	rezervoj	[rɛzɛrvój]
responder (vi, vt)	përgjigjem	[pərɟíɟɛm]
robar (vt)	vjedh	[vjɛð]
saber (~ algo mas)	di	[di]

salir (vi)	dal	[dal]
salvar (vt)	shpëtoj	[ʃpətój]
seguir ...	ndjek ...	[ndjék ...]
sentarse (vr)	ulem	[úlɛm]

ser necesario	nevojitet	[nɛvojítɛt]
ser, estar (vi)	jam	[jam]
significar (vt)	nënkuptoj	[nənkuptój]
sonreír (vi)	buzëqesh	[buzəcéʃ]
sorprenderse (vr)	çuditem	[tʃudítɛm]

subestimar (vt)	nënvlerësoj	[nənvlɛrəsój]
tener (vt)	kam	[kam]
tener hambre	kam uri	[kam urí]
tener miedo	kam frikë	[kam fríkə]

tener prisa	nxitoj	[ndzitój]
tener sed	kam etje	[kam étjɛ]
tirar, disparar (vi)	qëlloj	[cətój]
tocar (con las manos)	prek	[prɛk]
tomar (vt)	marr	[mar]
tomar nota	mbaj shënim	[mbáj ʃəním]

trabajar (vi)	punoj	[punój]
traducir (vt)	përkthej	[pərkθéj]
unir (vt)	bashkoj	[baʃkój]
vender (vt)	shes	[ʃɛs]
ver (vt)	shikoj	[ʃikój]
volar (pájaro, avión)	fluturoj	[fluturój]

12. Los colores

color (m)	ngjyrë (f)	[nɟýrə]
matiz (m)	nuancë (f)	[nuántsə]
tono (m)	tonalitet (m)	[tonalitét]
arco (m) iris	ylber (m)	[ylbér]

blanco (adj)	e bardhë	[ɛ bárðə]
negro (adj)	e zezë	[ɛ zézə]
gris (adj)	gri	[gri]

verde (adj)	jeshile	[jɛʃílɛ]
amarillo (adj)	e verdhë	[ɛ vérðə]
rojo (adj)	e kuqe	[ɛ kúcɛ]

azul (adj)	blu	[blu]
azul claro (adj)	bojëqielli	[bojəciéɫi]
rosa (adj)	rozë	[rózə]
naranja (adj)	portokalli	[portokáɫi]
violeta (adj)	bojëvjollcë	[bojəvjóɫtsə]
marrón (adj)	kafe	[káfɛ]

dorado (adj)	e artë	[ɛ ártə]
argentado (adj)	e argjendtë	[ɛ arɟéndtə]

beige (adj)	bezhë	[béʒə]
crema (adj)	krem	[krɛm]
turquesa (adj)	e bruztë	[ɛ brúztə]
rojo cereza (adj)	qershi	[cɛrʃí]
lila (adj)	jargavan	[jargaván]
carmesí (adj)	e kuqe e thellë	[ɛ kúcɛ ɛ θéɬə]

claro (adj)	e hapur	[ɛ hápur]
oscuro (adj)	e errët	[ɛ érət]
vivo (adj)	e ndritshme	[ɛ ndrítʃmɛ]

de color (lápiz ~)	e ngjyrosur	[ɛ ɲɟyrósur]
en colores (película ~)	ngjyrë	[ɲɟýrə]
blanco y negro (adj)	bardhë e zi	[bárðə ɛ zi]
unicolor (adj)	njëngjyrëshe	[ɲənɟýrəʃɛ]
multicolor (adj)	shumëngjyrëshe	[ʃumənɟýrəʃɛ]

13. Las preguntas

¿Quién?	Kush?	[kuʃ?]
¿Qué?	Çka?	[tʃká?]
¿Dónde?	Ku?	[ku?]
¿Adónde?	Për ku?	[pər ku?]
¿De dónde?	Nga ku?	[ŋa ku?]
¿Cuándo?	Kur?	[kur?]
¿Para qué?	Pse?	[psɛ?]
¿Por qué?	Pse?	[psɛ?]

¿Por qué razón?	Për çfarë arsye?	[pər tʃfárə arsýɛ?]
¿Cómo?	Si?	[si?]
¿Qué ...? (~ color)	Çfarë?	[tʃfárə?]
¿Cuál?	Cili?	[tsíli?]

¿A quién?	Kujt?	[kújt?]
¿De quién? (~ hablan ...)	Për kë?	[pər kə?]
¿De qué?	Për çfarë?	[pər tʃfárə?]
¿Con quién?	Me kë?	[mɛ kə?]

| ¿Cuánto? | Sa? | [sa?] |
| ¿De quién? | Të kujt? | [tə kujt?] |

14. Las palabras útiles. Los adverbios. Unidad 1

¿Dónde?	Ku?	[ku?]
aquí (adv)	këtu	[kətú]
allí (adv)	atje	[atjé]

| en alguna parte | diku | [dikú] |
| en ninguna parte | askund | [askúnd] |

| junto a ... | afër | [áfər] |
| junto a la ventana | tek dritarja | [tɛk dritárja] |

¿A dónde?	Për ku?	[pər ku?]
aquí (venga ~)	këtu	[kətú]
allí (vendré ~)	atje	[atjé]
de aquí (adv)	nga këtu	[ŋa kətú]
de allí (adv)	nga atje	[ŋa atjɛ]

| cerca (no lejos) | pranë | [pránə] |
| lejos (adv) | larg | [larg] |

cerca de ...	afër	[áfər]
al lado (de ...)	pranë	[pránə]
no lejos (adv)	jo larg	[jo lárg]

izquierdo (adj)	majtë	[májtə]
a la izquierda (situado ~)	majtas	[májtas]
a la izquierda (girar ~)	në të majtë	[nə tə májtə]

derecho (adj)	djathtë	[djáθtə]
a la derecha (situado ~)	djathtas	[djáθtas]
a la derecha (girar)	në të djathtë	[nə tə djáθtə]

delante (yo voy ~)	përballë	[pərbáɫə]
delantero (adj)	i përparmë	[i pərpármə]
adelante (movimiento)	përpara	[pərpára]

detrás de ...	prapa	[prápa]
desde atrás	nga prapa	[ŋa prápa]
atrás (da un paso ~)	pas	[pas]

| centro (m), medio (m) | mes (m) | [mɛs] |
| en medio (adv) | në mes | [nə mɛs] |

de lado (adv)	në anë	[nə anə]
en todas partes	kudo	[kúdo]
alrededor (adv)	përreth	[pəréθ]

de dentro (adv)	nga brenda	[ŋa brénda]
a alguna parte	diku	[dikú]
todo derecho (adv)	drejt	[dréjt]
atrás (muévelo para ~)	pas	[pas]

| de alguna parte (adv) | nga kudo | [ŋa kúdo] |
| no se sabe de dónde | nga diku | [ŋa dikú] |

primero (adv)	së pari	[sə pári]
segundo (adv)	së dyti	[sə dýti]
tercero (adv)	së treti	[sə tréti]

de súbito (adv)	befas	[béfas]
al principio (adv)	në fillim	[nə fiɫím]
por primera vez	për herë të parë	[pər hérə tə párə]
mucho tiempo antes ...	shumë përpara ...	[ʃúmə pərpára ...]
de nuevo (adv)	sërish	[səríʃ]
para siempre (adv)	një herë e mirë	[nə hérə ɛ mírə]
jamás, nunca (adv)	kurrë	[kúrə]
de nuevo (adv)	përsëri	[pərsərí]

ahora (adv)	tani	[táni]
frecuentemente (adv)	shpesh	[ʃpɛʃ]
entonces (adv)	atëherë	[atəhérə]
urgentemente (adv)	urgjent	[urɟént]
usualmente (adv)	zakonisht	[zakoníʃt]

a propósito, ...	meqë ra fjala, ...	[mécə ra fjála, ...]
es probable	ndoshta	[ndóʃta]
probablemente (adv)	mundësisht	[mundəsíʃt]
tal vez	mbase	[mbásɛ]
además ...	përveç	[pərvétʃ]
por eso ...	ja përse ...	[ja pərsé ...]
a pesar de ...	pavarësisht se ...	[pavarəsíʃt sɛ ...]
gracias a ...	falë ...	[fálə ...]

qué (pron)	çfarë	[tʃfárə]
que (conj)	që	[cə]
algo (~ le ha pasado)	diçka	[ditʃká]
algo (~ así)	ndonji gjë	[ndoɲí ɟə]
nada (f)	asgjë	[asɟé]

quien	kush	[kuʃ]
alguien (viene ~)	dikush	[dikúʃ]
alguien (¿ha llamado ~?)	dikush	[dikúʃ]

nadie	askush	[askúʃ]
a ninguna parte	askund	[askúnd]
de nadie	i askujt	[i askújt]
de alguien	i dikujt	[i dikújt]

tan, tanto (adv)	aq	[ác]
también (~ habla francés)	gjithashtu	[ɟiθaʃtú]
también (p.ej. Yo ~)	gjithashtu	[ɟiθaʃtú]

15. Las palabras útiles. Los adverbios. Unidad 2

¿Por qué?	Pse?	[psɛ?]
no se sabe porqué	për një arsye	[pər ɲə arsýɛ]
porque ...	sepse ...	[sɛpsé ...]
por cualquier razón (adv)	për ndonjë shkak	[pər ndóɲə ʃkak]

y (p.ej. uno y medio)	dhe	[ðɛ]
o (p.ej. té o café)	ose	[ósɛ]
pero (p.ej. me gusta, ~)	por	[por]
para (p.ej. es para ti)	për	[pər]

demasiado (adv)	tepër	[tépər]
sólo, solamente (adv)	vetëm	[vétəm]
exactamente (adv)	pikërisht	[pikəríʃt]
unos ..., cerca de ... (~ 10 kg)	rreth	[rɛθ]

aproximadamente	përafërsisht	[pərafərsíʃt]
aproximado (adj)	përafërt	[pəráfərt]

casi (adv)	pothuajse	[poθúajsɛ]
resto (m)	mbetje (f)	[mbétjɛ]

el otro (adj)	tjetri	[tjétri]
otro (p.ej. el otro día)	tjetër	[tjétər]
cada (adj)	çdo	[tʃdo]
cualquier (adj)	çfarëdo	[tʃfarədó]
mucho (innum.)	shumë	[ʃúmə]
mucho (num.)	disa	[disá]
muchos (mucha gente)	shumë njerëz	[ʃúmə ɲérəz]
todos	të gjithë	[tə ɟíθə]

a cambio de ...	në vend të ...	[nə vénd tə ...]
en cambio (adv)	në shkëmbim të ...	[nə ʃkəmbím tə ...]
a mano (hecho ~)	me dorë	[mɛ dórə]
poco probable	vështirë se ...	[vəʃtírə sɛ ...]

probablemente	mundësisht	[mundəsíʃt]
a propósito (adv)	me qëllim	[mɛ cətím]
por accidente (adv)	aksidentalisht	[aksidɛntalíʃt]

muy (adv)	shumë	[ʃúmə]
por ejemplo (adv)	për shembull	[pər ʃémbuɫ]
entre (~ nosotros)	midis	[midís]
entre (~ otras cosas)	rreth	[rɛθ]
tanto (~ gente)	kaq shumë	[kác ʃúmə]
especialmente (adv)	veçanërisht	[vɛtʃanəríʃt]

Conceptos básicos. Unidad 2

16. Los días de la semana

lunes (m)	E hënë (f)	[ɛ hə́nə]
martes (m)	E martë (f)	[ɛ mártə]
miércoles (m)	E mërkurë (f)	[ɛ mərkúrə]
jueves (m)	E enjte (f)	[ɛ éɲtɛ]
viernes (m)	E premte (f)	[ɛ prémtɛ]
sábado (m)	E shtunë (f)	[ɛ ʃtúnə]
domingo (m)	E dielë (f)	[ɛ díɛlə]
hoy (adv)	sot	[sot]
mañana (adv)	nesër	[nésər]
pasado mañana	pasnesër	[pasnésər]
ayer (adv)	dje	[djé]
anteayer (adv)	pardje	[pardjé]
día (m)	ditë (f)	[dítə]
día (m) de trabajo	ditë pune (f)	[dítə púnɛ]
día (m) de fiesta	festë kombëtare (f)	[féstə kombətárɛ]
día (m) de descanso	ditë pushim (m)	[dítə puʃím]
fin (m) de semana	fundjavë (f)	[fundjávə]
todo el día	gjithë ditën	[ɟíθə dítən]
al día siguiente	ditën pasardhëse	[dítən pasárðəsɛ]
dos días atrás	dy ditë më parë	[dy dítə mə párə]
en vísperas (adv)	një ditë më parë	[ɲə dítə mə párə]
diario (adj)	ditor	[ditór]
cada día (adv)	çdo ditë	[tʃdo dítə]
semana (f)	javë (f)	[jávə]
semana (f) pasada	javën e kaluar	[jávən ɛ kalúar]
semana (f) que viene	javën e ardhshme	[jávən ɛ árðʃmɛ]
semanal (adj)	javor	[javór]
cada semana (adv)	çdo javë	[tʃdo jávə]
2 veces por semana	dy herë në javë	[dy hérə nə jávə]
todos los martes	çdo të martë	[tʃdo tə mártə]

17. Las horas. El día y la noche

mañana (f)	mëngjes (m)	[mənɟés]
por la mañana	në mëngjes	[nə mənɟés]
mediodía (m)	mesditë (f)	[mɛsdítə]
por la tarde	pasdite	[pasdítɛ]
noche (f)	mbrëmje (f)	[mbrə́mjɛ]
por la noche	në mbrëmje	[nə mbrə́mjɛ]

noche (f) (p.ej. 2:00 a.m.)	natë (f)	[nátə]
por la noche	natën	[nátən]
medianoche (f)	mesnatë (f)	[mɛsnátə]

segundo (m)	sekondë (f)	[sɛkóndə]
minuto (m)	minutë (f)	[minútə]
hora (f)	orë (f)	[órə]
media hora (f)	gjysmë ore (f)	[ɟýsmə órɛ]
cuarto (m) de hora	çerek ore (m)	[tʃɛrék órɛ]
quince minutos	pesëmbëdhjetë minuta	[pɛsəmbəðjétə minúta]
veinticuatro horas	24 orë	[ɲəzét ɛ kátər órə]

salida (f) del sol	agim (m)	[agím]
amanecer (m)	agim (m)	[agím]
madrugada (f)	mëngjes herët (m)	[mənɟés hérət]
puesta (f) del sol	perëndim dielli (m)	[pɛrəndím diéɬi]

de madrugada	herët në mëngjes	[hérət nə mənɟés]
esta mañana	sot në mëngjes	[sot nə mənɟés]
mañana por la mañana	nesër në mëngjes	[nésər nə mənɟés]
esta tarde	sot pasdite	[sot pasdítɛ]
por la tarde	pasdite	[pasdítɛ]
mañana por la tarde	nesër pasdite	[nésər pasdítɛ]
esta noche (p.ej. 8:00 p.m.)	sonte në mbrëmje	[sóntɛ nə mbrəmjɛ]
mañana por la noche	nesër në mbrëmje	[nésər nə mbrémjɛ]

a las tres en punto	në orën 3 fiks	[nə órən trɛ fiks]
a eso de las cuatro	rreth orës 4	[rɛθ órəs kátər]
para las doce	deri në orën 12	[déri nə órən dymbəðjétə]

dentro de veinte minutos	për 20 minuta	[pər ɲəzét minúta]
dentro de una hora	për një orë	[pər ɲə órə]
a tiempo (adv)	në orar	[nə orár]

... menos cuarto	çerek ...	[tʃɛrék ...]
durante una hora	brenda një ore	[brénda ɲə órɛ]
cada quince minutos	çdo 15 minuta	[tʃdo pɛsəmbəðjétə minúta]
día y noche	gjithë ditën	[ɟíθə dítən]

18. Los meses. Las estaciones

enero (m)	Janar (m)	[janár]
febrero (m)	Shkurt (m)	[ʃkurt]
marzo (m)	Mars (m)	[mars]
abril (m)	Prill (m)	[priɬ]
mayo (m)	Maj (m)	[maj]
junio (m)	Qershor (m)	[cɛrʃór]

julio (m)	Korrik (m)	[korík]
agosto (m)	Gusht (m)	[guʃt]
septiembre (m)	Shtator (m)	[ʃtatór]
octubre (m)	Tetor (m)	[tɛtór]
noviembre (m)	Nëntor (m)	[nəntór]
diciembre (m)	Dhjetor (m)	[ðjɛtór]

primavera (f)	pranverë (f)	[pranvérə]
en primavera	në pranverë	[nə pranvérə]
de primavera (adj)	pranveror	[pranvɛrór]
verano (m)	verë (f)	[vérə]
en verano	në verë	[nə vérə]
de verano (adj)	veror	[vɛrór]
otoño (m)	vjeshtë (f)	[vjéʃtə]
en otoño	në vjeshtë	[nə vjéʃtə]
de otoño (adj)	vjeshtor	[vjéʃtor]
invierno (m)	dimër (m)	[dímər]
en invierno	në dimër	[nə dímər]
de invierno (adj)	dimëror	[dimərór]
mes (m)	muaj (m)	[múaj]
este mes	këtë muaj	[kətə múaj]
al mes siguiente	muajin tjetër	[múajin tjétər]
el mes pasado	muajin e kaluar	[múajin ɛ kalúar]
hace un mes	para një muaji	[pára ɲə múaji]
dentro de un mes	pas një muaji	[pas ɲə múaji]
dentro de dos meses	pas dy muajsh	[pas dy múajʃ]
todo el mes	gjithë muajin	[ɉíθə múajin]
todo un mes	gjatë gjithë muajit	[ɉátə ɉíθə múajit]
mensual (adj)	mujor	[mujór]
mensualmente (adv)	mujor	[mujór]
cada mes	çdo muaj	[tʃdo múaj]
dos veces por mes	dy herë në muaj	[dy hérə nə múaj]
año (m)	vit (m)	[vit]
este año	këtë vit	[kətə vít]
el próximo año	vitin tjetër	[vítin tjétər]
el año pasado	vitin e kaluar	[vítin ɛ kalúar]
hace un año	para një viti	[pára ɲə víti]
dentro de un año	për një vit	[pər ɲə vit]
dentro de dos años	për dy vite	[pər dy vítɛ]
todo el año	gjithë vitin	[ɉíθə vítin]
todo un año	gjatë gjithë vitit	[ɉátə ɉíθə vítit]
cada año	çdo vit	[tʃdo vít]
anual (adj)	vjetor	[vjɛtór]
anualmente (adv)	çdo vit	[tʃdo vít]
cuatro veces por año	4 herë në vit	[kátər hérə nə vit]
fecha (f) (la ~ de hoy es ...)	datë (f)	[dátə]
fecha (f) (~ de entrega)	data (f)	[dáta]
calendario (m)	kalendar (m)	[kalɛndár]
medio año (m)	gjysmë viti	[ɉýsmə víti]
seis meses	gjashtë muaj	[ɉáʃtə múaj]
estación (f)	stinë (f)	[stínə]
siglo (m)	shekull (m)	[ʃékuɫ]

19. La hora. Miscelánea

tiempo (m)	kohë (f)	[kóhə]
momento (m)	çast, moment (m)	[tʃást], [momént]
instante (m)	çast (m)	[tʃást]
instantáneo (adj)	i çastit	[i tʃástit]
lapso (m) de tiempo	interval (m)	[intɛrvál]
vida (f)	jetë (f)	[jétə]
eternidad (f)	përjetësi (f)	[pərjɛtəsí]

época (f)	epokë (f)	[ɛpókə]
era (f)	erë (f)	[érə]
ciclo (m)	cikël (m)	[tsíkəl]
período (m)	periudhë (f)	[pɛriúðə]
plazo (m) (~ de tres meses)	afat (m)	[afát]

futuro (m)	ardhmëria (f)	[arðməría]
futuro (adj)	e ardhme	[ɛ árðmɛ]
la próxima vez	herën tjetër	[hérən tjétər]
pasado (m)	e shkuara (f)	[ɛ ʃkúara]
pasado (adj)	kaluar	[kalúar]
la última vez	herën e fundit	[hérən ɛ fúndit]

más tarde (adv)	më vonë	[mə vónə]
después	pas	[pas]
actualmente (adv)	në këto kohë	[nə kəto kóhə]
ahora (adv)	tani	[táni]
inmediatamente	menjëherë	[mɛɲəhérə]
pronto (adv)	së shpejti	[sə ʃpéjti]
de antemano (adv)	paraprakisht	[paraprakíʃt]

hace mucho tiempo	para shumë kohësh	[pára ʃúmə kóhəʃ]
hace poco (adv)	së fundmi	[sə fúndmi]
destino (m)	fat (m)	[fat]
recuerdos (m pl)	kujtime (pl)	[kujtímɛ]
archivo (m)	arkiva (f)	[arkíva]

durante …	gjatë …	[ɟátə …]
mucho tiempo (adv)	gjatë, kohë e gjatë	[ɟátə], [kóhə ɛ ɟátə]
poco tiempo (adv)	jo gjatë	[jo ɟátə]
temprano (adv)	herët	[hérət]
tarde (adv)	vonë	[vónə]

para siempre (adv)	përjetë	[pərjétə]
comenzar (vt)	filloj	[fiɫój]
aplazar (vt)	shtyj	[ʃtyj]

simultáneamente	njëkohësisht	[ɲəkohəsíʃt]
permanentemente	përhershëm	[pərhérʃəm]
constante (ruido, etc.)	vazhdueshme	[vaʒdúeʃmɛ]
temporal (adj)	i përkohshëm	[i pərkóhʃəm]

a veces (adv)	ndonjëherë	[ndoɲəhérə]
raramente (adv)	rrallë	[ráɫə]
frecuentemente	shpesh	[ʃpɛʃ]

20. Los opuestos

rico (adj)	i pasur	[i pásur]
pobre (adj)	i varfër	[i várfər]
enfermo (adj)	i sëmurë	[i səmúrə]
sano (adj)	mirë	[mírə]
grande (adj)	i madh	[i máð]
pequeño (adj)	i vogël	[i vógəl]
rápidamente (adv)	shpejt	[ʃpɛjt]
lentamente (adv)	ngadalë	[ŋadálə]
rápido (adj)	i shpejtë	[i ʃpéjtə]
lento (adj)	i ngadaltë	[i ŋadáltə]
alegre (adj)	i kënaqur	[i kənácur]
triste (adj)	i mërzitur	[i mərzítur]
juntos (adv)	së bashku	[sə báʃku]
separadamente	veç e veç	[vɛtʃ ɛ vɛtʃ]
en voz alta	me zë	[mɛ zə]
en silencio	pa zë	[pa zə]
alto (adj)	i lartë	[i lártə]
bajo (adj)	i ulët	[i úlət]
profundo (adj)	i thellë	[i θéłə]
poco profundo (adj)	i cekët	[i tsékət]
sí	po	[po]
no	jo	[jo]
lejano (adj)	i largët	[i lárgət]
cercano (adj)	afër	[áfər]
lejos (adv)	larg	[larg]
cerco (adv)	pranë	[pránə]
largo (adj)	i gjatë	[i ɟátə]
corto (adj)	i shkurtër	[i ʃkúrtər]
bueno (de buen corazón)	i mirë	[i mírə]
malvado (adj)	djallëzor	[djałəzór]
casado (adj)	i martuar	[i martúar]
soltero (adj)	beqar	[bɛcár]
prohibir (vt)	ndaloj	[ndalój]
permitir (vt)	lejoj	[lɛjój]
fin (m)	fund (m)	[fund]
principio (m)	fillim (m)	[fiłím]

| izquierdo (adj) | majtë | [májtə] |
| derecho (adj) | djathtë | [djáθtə] |

| primero (adj) | i pari | [i pári] |
| último (adj) | i fundit | [i fúndit] |

| crimen (m) | krim (m) | [krim] |
| castigo (m) | ndëshkim (m) | [ndəʃkím] |

| ordenar (vt) | urdhëroj | [urðərój] |
| obedecer (vi, vt) | bindem | [bíndɛm] |

| recto (adj) | i drejtë | [i dréjtə] |
| curvo (adj) | i harkuar | [i harkúar] |

| paraíso (m) | parajsë (f) | [parájsə] |
| infierno (m) | ferr (m) | [fɛr] |

| nacer (vi) | lind | [lind] |
| morir (vi) | vdes | [vdɛs] |

| fuerte (adj) | i fortë | [i fórtə] |
| débil (adj) | i dobët | [i dóbət] |

| viejo (adj) | plak | [plak] |
| joven (adj) | i ri | [i rí] |

| viejo (adj) | i vjetër | [i vjétər] |
| nuevo (adj) | i ri | [i rí] |

| duro (adj) | i fortë | [i fórtə] |
| blando (adj) | i butë | [i bútə] |

| tibio (adj) | ngrohtë | [ŋróhtə] |
| frío (adj) | i ftohtë | [i ftóhtə] |

| gordo (adj) | i shëndoshë | [i ʃəndóʃə] |
| delgado (adj) | i dobët | [i dóbət] |

| estrecho (adj) | i ngushtë | [i ŋúʃtə] |
| ancho (adj) | i gjerë | [i ɟérə] |

| bueno (adj) | i mirë | [i mírə] |
| malo (adj) | i keq | [i kéc] |

| valiente (adj) | guximtar | [gudzimtár] |
| cobarde (adj) | frikacak | [frikatsák] |

21. Las líneas y las formas

cuadrado (m)	katror (m)	[katrór]
cuadrado (adj)	katrore	[katrórɛ]
círculo (m)	rreth (m)	[rɛθ]
redondo (adj)	i rrumbullakët	[i rumbuɫákət]

| triángulo (m) | trekëndësh (m) | [trékəndəʃ] |
| triangular (adj) | trekëndor | [trɛkəndór] |

óvalo (m)	oval (f)	[ovál]
oval (adj)	ovale	[oválɛ]
rectángulo (m)	drejtkëndësh (m)	[drɛjtkéndəʃ]
rectangular (adj)	drejtkëndor	[drɛjtkəndór]

pirámide (f)	piramidë (f)	[piramídə]
rombo (m)	romb (m)	[romb]
trapecio (m)	trapezoid (m)	[trapɛzoíd]
cubo (m)	kub (m)	[kub]
prisma (m)	prizëm (m)	[prízəm]

circunferencia (f)	perimetër (m)	[pɛrimétər]
esfera (f)	sferë (f)	[sférə]
globo (m)	top (m)	[top]

diámetro (m)	diametër (m)	[diamétər]
radio (f)	sipërfaqe (f)	[sipərfácɛ]
perímetro (m)	perimetër (m)	[pɛrimétər]
centro (m)	qendër (f)	[céndər]

horizontal (adj)	horizontal	[horizontál]
vertical (adj)	vertikal	[vɛrtikál]
paralela (f)	paralele (f)	[paralélɛ]
paralelo (adj)	paralel	[paralél]

línea (f)	vijë (f)	[víjə]
trazo (m)	vizë (f)	[vízə]
recta (f)	vijë e drejtë (f)	[víjə ɛ dréjtə]
curva (f)	kurbë (f)	[kúrbə]
fino (la ~a línea)	e hollë	[ɛ hółə]
contorno (m)	kontur (f)	[kontúr]

intersección (f)	kryqëzim (m)	[krycəzím]
ángulo (m) recto	kënd i drejtë (m)	[kənd i dréjtə]
segmento (m)	segment (m)	[sɛgmént]
sector (m)	sektor (m)	[sɛktór]
lado (m)	anë (f)	[ánə]
ángulo (m)	kënd (m)	[kə́nd]

22. Las unidades de medida

peso (m)	peshë (f)	[péʃə]
longitud (f)	gjatësi (f)	[ɟatəsí]
anchura (f)	gjerësi (f)	[ɟɛrəsí]
altura (f)	lartësi (f)	[lartəsí]
profundidad (f)	thellësi (f)	[θɛłəsí]
volumen (m)	vëllim (m)	[vəłím]
área (f)	sipërfaqe (f)	[sipərfácɛ]

| gramo (m) | gram (m) | [gram] |
| miligramo (m) | miligram (m) | [miligrám] |

kilogramo (m)	kilogram (m)	[kilográm]
tonelada (f)	ton (m)	[ton]
libra (f)	paund (m)	[páund]
onza (f)	ons (m)	[ons]

metro (m)	metër (m)	[métər]
milímetro (m)	milimetër (m)	[milimétər]
centímetro (m)	centimetër (m)	[tsɛntimétər]
kilómetro (m)	kilometër (m)	[kilométər]
milla (f)	milje (f)	[míljɛ]

pulgada (f)	inç (m)	[intʃ]
pie (m)	këmbë (f)	[kə́mbə]
yarda (f)	jard (m)	[járd]

metro (m) cuadrado	metër katror (m)	[métər katrór]
hectárea (f)	hektar (m)	[hɛktár]

litro (m)	litër (m)	[lítər]
grado (m)	gradë (f)	[grádə]
voltio (m)	volt (m)	[volt]
amperio (m)	amper (m)	[ampér]
caballo (m) de fuerza	kuaj-fuqi (f)	[kúaj-fucí]

cantidad (f)	sasi (f)	[sasí]
un poco de ...	pak ...	[pak ...]
mitad (f)	gjysmë (f)	[ɟýsmə]
docena (f)	dyzinë (f)	[dyzínə]
pieza (f)	copë (f)	[tsópə]

dimensión (f)	madhësi (f)	[maðəsí]
escala (f) (del mapa)	shkallë (f)	[ʃkáɫə]

mínimo (adj)	minimale	[minimálɛ]
el más pequeño (adj)	më i vogli	[mə i vógli]
medio (adj)	i mesëm	[i mésəm]
máximo (adj)	maksimale	[maksimálɛ]
el más grande (adj)	më i madhi	[mə i máði]

23. Contenedores

tarro (m) de vidrio	kavanoz (m)	[kavanóz]
lata (f) de hojalata	kanoçe (f)	[kanótʃɛ]
cubo (m)	kovë (f)	[kóvə]
barril (m)	fuçi (f)	[futʃí]

palangana (f)	legen (m)	[lɛgén]
tanque (m)	tank (m)	[tank]
petaca (f) (de alcohol)	faqore (f)	[facórɛ]
bidón (m) de gasolina	bidon (m)	[bidón]
cisterna (f)	cisternë (f)	[tsistérnə]

taza (f) (mug de cerámica)	tas (m)	[tas]
taza (f) (~ de café)	filxhan (m)	[fildʒán]

platillo (m)	pjatë filxhani (f)	[pjátǝ fildʒáni]
vaso (m) (~ de agua)	gotë (f)	[gótǝ]
copa (f) (~ de vino)	gotë vere (f)	[gótǝ vérɛ]
olla (f)	tenxhere (f)	[tɛndʒérɛ]

botella (f)	shishe (f)	[ʃíʃɛ]
cuello (m) de botella	grykë	[grýkǝ]

garrafa (f)	brokë (f)	[brókǝ]
jarro (m) (~ de agua)	shtambë (f)	[ʃtámbǝ]
recipiente (m)	enë (f)	[énǝ]
tarro (m)	enë (f)	[énǝ]
florero (m)	vazo (f)	[vázo]

frasco (m) (~ de perfume)	shishe (f)	[ʃíʃɛ]
frasquito (m)	shishkë (f)	[ʃíʃkǝ]
tubo (m)	tubet (f)	[tubét]

saco (m) (~ de azúcar)	thes (m)	[θɛs]
bolsa (f) (~ plástica)	qese (f)	[césɛ]
paquete (m) (~ de cigarrillos)	paketë (f)	[pakétǝ]

caja (f)	kuti (f)	[kutí]
cajón (m) (~ de madera)	arkë (f)	[árkǝ]
cesta (f)	shportë (f)	[ʃpórtǝ]

24. Materiales

material (f)	material (m)	[matɛriál]
madera (f)	dru (m)	[dru]
de madera (adj)	prej druri	[prɛj drúri]

vidrio (m)	qelq (m)	[cɛlc]
de vidrio (adj)	prej qelqi	[prɛj célci]

piedra (f)	gur (m)	[gur]
de piedra (adj)	guror	[gurór]

plástico (m)	plastikë (f)	[plastíkǝ]
de plástico (adj)	plastike	[plastíkɛ]

goma (f)	gomë (f)	[gómǝ]
de goma (adj)	prej gome	[prɛj gómɛ]

tela (m)	pëlhurë (f)	[pǝlhúrǝ]
de tela (adj)	nga pëlhura	[ŋa pǝlhúra]

papel (m)	letër (f)	[létǝr]
de papel (adj)	prej letre	[prɛj létrɛ]

cartón (m)	karton (m)	[kartón]
de cartón (adj)	prej kartoni	[prɛj kartóni]
polietileno (m)	polietilen (m)	[poliétilen]
celofán (m)	celofan (m)	[tsɛlofán]

| linóleo (m) | linoleum (m) | [linolɛúm] |
| contrachapado (m) | kompensatë (f) | [kompɛnsátə] |

porcelana (f)	porcelan (m)	[portsɛlán]
de porcelana (adj)	prej porcelani	[prɛj portsɛláni]
arcilla (f), barro (m)	argjilë (f)	[aɲílə]
de barro (adj)	prej argjile	[prɛj aɲílɛ]
cerámica (f)	qeramikë (f)	[cɛramíkə]
de cerámica (adj)	prej qeramike	[prɛj cɛramíkɛ]

25. Los metales

metal (m)	metal (m)	[mɛtál]
metálico (adj)	prej metali	[prɛj mɛtáli]
aleación (f)	aliazh (m)	[aliáʒ]

oro (m)	ar (m)	[ár]
de oro (adj)	prej ari	[prɛj ári]
plata (f)	argjend (m)	[aɲénd]
de plata (adj)	prej argjendi	[prɛj aɲéndi]

hierro (m)	hekur (m)	[hékur]
de hierro (adj)	prej hekuri	[prɛj hékuri]
acero (m)	çelik (m)	[tʃɛlík]
de acero (adj)	prej çeliku	[prɛj tʃɛlíku]
cobre (m)	bakër (m)	[bákər]
de cobre (adj)	prej bakri	[prɛj bákri]

aluminio (m)	alumin (m)	[alumín]
de aluminio (adj)	prej alumini	[prɛj alumíni]
bronce (m)	bronz (m)	[bronz]
de bronce (adj)	prej bronzi	[prɛj brónzi]

latón (m)	tunxh (m)	[tundʒ]
níquel (m)	nikel (m)	[nikél]
platino (m)	platin (m)	[platín]
mercurio (m)	merkur (m)	[mɛrkúr]
estaño (m)	kallaj (m)	[kaɫáj]
plomo (m)	plumb (m)	[plúmb]
zinc (m)	zink (m)	[zink]

EL SER HUMANO

El ser humano. El cuerpo

26. El ser humano. Conceptos básicos

ser (m) humano	qenie njerëzore (f)	[cɛníɛ ɲɛrəzóɾɛ]
hombre (m) (varón)	burrë (m)	[búrə]
mujer (f)	grua (f)	[grúa]
niño -a (m, f)	fëmijë (f)	[fəmíjə]
niña (f)	vajzë (f)	[vájzə]
niño (m)	djalë (f)	[djálə]
adolescente (m)	adoleshent (m)	[adolɛʃént]
viejo, anciano (m)	plak (m)	[plak]
vieja, anciana (f)	plakë (f)	[plákə]

27. La anatomía humana

organismo (m)	organizëm (m)	[organízəm]
corazón (m)	zemër (f)	[zémər]
sangre (f)	gjak (m)	[ɟak]
arteria (f)	arterie (f)	[artériɛ]
vena (f)	venë (f)	[vénə]
cerebro (m)	tru (m)	[tru]
nervio (m)	nerv (m)	[nɛrv]
nervios (m pl)	nerva (f)	[nérva]
vértebra (f)	vertebër (f)	[vɛrtébər]
columna (f) vertebral	shtyllë kurrizore (f)	[ʃtýłə kurizóɾɛ]
estómago (m)	stomak (m)	[stomák]
intestinos (m pl)	zorrët (f)	[zórət]
intestino (m)	zorrë (f)	[zórə]
hígado (m)	mëlçi (f)	[məltʃí]
riñón (m)	veshkë (f)	[véʃkə]
hueso (m)	kockë (f)	[kótskə]
esqueleto (m)	skelet (m)	[skɛlét]
costilla (f)	brinjë (f)	[bríɲə]
cráneo (m)	kafkë (f)	[káfkə]
músculo (m)	muskul (m)	[múskul]
bíceps (m)	biceps (m)	[bitséps]
tríceps (m)	triceps (m)	[tritséps]
tendón (m)	tendon (f)	[tɛndón]
articulación (f)	nyje (f)	[nýjɛ]

pulmones (m pl)	mushkëri (m)	[muʃkərí]
genitales (m pl)	organe gjenitale (f)	[orgánɛ ɟɛnitálɛ]
piel (f)	lëkurë (f)	[ləkúrə]

28. La cabeza

cabeza (f)	kokë (f)	[kókə]
cara (f)	fytyrë (f)	[fytýrə]
nariz (f)	hundë (f)	[húndə]
boca (f)	gojë (f)	[gójə]

ojo (m)	sy (m)	[sy]
ojos (m pl)	sytë	[sýtə]
pupila (f)	bebëz (f)	[bébəz]
ceja (f)	vetull (f)	[vétuɫ]
pestaña (f)	qerpik (m)	[cɛrpík]
párpado (m)	qepallë (f)	[cɛpáɫə]

lengua (f)	gjuhë (f)	[ɟúhə]
diente (m)	dhëmb (m)	[ðəmb]
labios (m pl)	buzë (f)	[búzə]
pómulos (m pl)	mollëza (f)	[móɫəza]
encía (f)	mishrat e dhëmbëve	[míʃrat ɛ ðəmbəvɛ]
paladar (m)	qiellzë (f)	[ciéɫzə]

ventanas (f pl)	vrimat e hundës (pl)	[vrímat ɛ húndəs]
mentón (m)	mjekër (f)	[mjékər]
mandíbula (f)	nofull (f)	[nófuɫ]
mejilla (f)	faqe (f)	[fácɛ]

frente (f)	ball (m)	[báɫ]
sien (f)	tëmth (m)	[təmθ]
oreja (f)	vesh (m)	[vɛʃ]
nuca (f)	zverk (m)	[zvɛrk]
cuello (m)	qafë (f)	[cáfə]
garganta (f)	fyt (m)	[fyt]

pelo, cabello (m)	flokë (pl)	[flókə]
peinado (m)	model flokësh (m)	[modél flókəʃ]
corte (m) de pelo	prerje flokësh (f)	[prérjɛ flókəʃ]
peluca (f)	paruke (f)	[parúkɛ]

bigote (m)	mustaqe (f)	[mustácɛ]
barba (f)	mjekër (f)	[mjékər]
tener (~ la barba)	lë mjekër	[lə mjékər]
trenza (f)	gërshet (m)	[gərʃét]
patillas (f pl)	baseta (f)	[baséta]

pelirrojo (adj)	flokëkuqe	[flokəkúcɛ]
gris, canoso (adj)	thinja	[θíɲa]
calvo (adj)	qeros	[cɛrós]
calva (f)	tullë (f)	[túɫə]
cola (f) de caballo	bishtalec (m)	[biʃtaléts]
flequillo (m)	balluke (f)	[baɫúkɛ]

29. El cuerpo

mano (f)	dorë (f)	[dórə]
brazo (m)	krah (m)	[krah]

dedo (m)	gisht i dorës (m)	[gíʃt i dórəs]
dedo (m) del pie	gisht i këmbës (m)	[gíʃt i kémbəs]
dedo (m) pulgar	gishti i madh (m)	[gíʃti i máð]
dedo (m) meñique	gishti i vogël (m)	[gíʃti i vógəl]
uña (f)	thua (f)	[θúa]

puño (m)	grusht (m)	[grúʃt]
palma (f)	pëllëmbë dore (f)	[pətémbə dórɛ]
muñeca (f)	kyç (m)	[kytʃ]
antebrazo (m)	parakrah (m)	[parakráh]
codo (m)	bërryl (m)	[bərýl]
hombro (m)	shpatull (f)	[ʃpátuɫ]

pierna (f)	këmbë (f)	[kémbə]
planta (f)	shputë (f)	[ʃpútə]
rodilla (f)	gju (m)	[ɟú]
pantorrilla (f)	pulpë (f)	[púlpə]
cadera (f)	ijë (f)	[íjə]
talón (m)	thembër (f)	[θémbər]

cuerpo (m)	trup (m)	[trup]
vientre (m)	stomak (m)	[stomák]
pecho (m)	kraharor (m)	[kraharór]
seno (m)	gjoks (m)	[ɟóks]
lado (m), costado (m)	krah (m)	[krah]
espalda (f)	kurriz (m)	[kuríz]
zona (f) lumbar	fundshpina (f)	[fundʃpína]
cintura (f), talle (m)	beli (m)	[béli]

ombligo (m)	kërthizë (f)	[kərθízə]
nalgas (f pl)	vithe (f)	[víθɛ]
trasero (m)	prapanica (f)	[prapanítsa]

lunar (m)	nishan (m)	[niʃán]
marca (f) de nacimiento	shenjë lindjeje (f)	[ʃéɲə líndjɛjɛ]
tatuaje (m)	tatuazh (m)	[tatuáʒ]
cicatriz (f)	shenjë (f)	[ʃéɲə]

La ropa y los accesorios

30. La ropa exterior. Los abrigos

ropa (f), vestido (m)	rroba (f)	[róba]
ropa (f) de calle	veshje e sipërme (f)	[véʃjɛ ɛ sípərmɛ]
ropa (f) de invierno	veshje dimri (f)	[véʃjɛ dímri]
abrigo (m)	pallto (f)	[páɫto]
abrigo (m) de piel	gëzof (m)	[gəzóf]
abrigo (m) corto de piel	xhaketë lëkure (f)	[dʒakétə ləkúrɛ]
plumón (m)	xhup (m)	[dʒup]
cazadora (f)	xhaketë (f)	[dʒakétə]
impermeable (m)	pardesy (f)	[pardɛsý]
impermeable (adj)	kundër shiut	[kúndər ʃiut]

31. Ropa de hombre y mujer

camisa (f)	këmishë (f)	[kəmíʃə]
pantalones (m pl)	pantallona (f)	[pantaɫóna]
jeans, vaqueros (m pl)	xhinse (f)	[dʒínsɛ]
chaqueta (f), saco (m)	xhaketë kostumi (f)	[dʒakétə kostúmi]
traje (m)	kostum (m)	[kostúm]
vestido (m)	fustan (m)	[fustán]
falda (f)	fund (m)	[fund]
blusa (f)	bluzë (f)	[blúzə]
rebeca (f), chaqueta (f) de punto	xhaketë me thurje (f)	[dʒakétə mɛ θúrjɛ]
chaqueta (f)	xhaketë femrash (f)	[dʒakétə fémraʃ]
camiseta (f) (T-shirt)	bluzë (f)	[blúzə]
shorts (m pl)	pantallona të shkurtra (f)	[pantaɫóna tə ʃkúrtra]
traje (m) deportivo	tuta sportive (f)	[túta sportívɛ]
bata (f) de baño	peshqir trupi (m)	[pɛʃcír trúpi]
pijama (f)	pizhame (f)	[piʒámɛ]
jersey (m), suéter (m)	triko (f)	[tríko]
pulóver (m)	pulovër (m)	[pulóvər]
chaleco (m)	jelek (m)	[jɛlék]
frac (m)	frak (m)	[frak]
esmoquin (m)	smoking (m)	[smokíŋ]
uniforme (m)	uniformë (f)	[unifórmə]
ropa (f) de trabajo	rroba pune (f)	[róba púnɛ]
mono (m)	kominoshe (f)	[kominóʃɛ]
bata (f) (p. ej. ~ blanca)	uniformë (f)	[unifórmə]

32. La ropa. La ropa interior

ropa (f) interior	të brendshme (f)	[tə bréndʃmɛ]
bóxer (m)	boksera (f)	[bokséra]
bragas (f pl)	brekë (f)	[brékə]
camiseta (f) interior	fanellë (f)	[fanéɫə]
calcetines (m pl)	çorape (pl)	[tʃorápɛ]

camisón (m)	këmishë nate (f)	[kəmíʃə nátɛ]
sostén (m)	sytjena (f)	[sytjéna]
calcetines (m pl) altos	çorape déri tek gjuri (pl)	[tʃorápɛ déri ték ɟúri]
pantimedias (f pl)	geta (f)	[géta]
medias (f pl)	çorape të holla (pl)	[tʃorápɛ tə hóɫa]
traje (m) de baño	rrobë banje (f)	[róbə báɲɛ]

33. Gorras

gorro (m)	kapelë (f)	[kapélə]
sombrero (m) de fieltro	kapelë republike (f)	[kapélə rɛpublíkɛ]
gorra (f) de béisbol	kapelë bejsbolli (f)	[kapélə bɛjsbóti]
gorra (f) plana	kapelë e sheshtë (f)	[kapélə ɛ ʃéʃtə]

boina (f)	beretë (f)	[bɛrétə]
capuchón (m)	kapuç (m)	[kapútʃ]
panamá (m)	kapelë panama (f)	[kapélə panamá]
gorro (m) de punto	kapuç leshi (m)	[kapútʃ léʃi]

pañuelo (m)	shami (f)	[ʃamí]
sombrero (m) de mujer	kapelë femrash (f)	[kapélə fémraʃ]

casco (m) (~ protector)	helmetë (f)	[hɛlmétə]
gorro (m) de campaña	kapelë ushtrie (f)	[kapélə uʃtríɛ]
casco (m) (~ de moto)	helmetë (f)	[hɛlmétə]

bombín (m)	kapelë derby (f)	[kapélə dérby]
sombrero (m) de copa	kapelë cilindër (f)	[kapélə tsilíndər]

34. El calzado

calzado (m)	këpucë (pl)	[kəpútsə]
botas (f pl)	këpucë burrash (pl)	[kəpútsə búraʃ]
zapatos (m pl) (~ de tacón bajo)	këpucë grash (pl)	[kəpútsə gráʃ]
botas (f pl) altas	çizme (pl)	[tʃízmɛ]
zapatillas (f pl)	pantofla (pl)	[pantófla]

tenis (m pl)	atlete tenisi (pl)	[atlétɛ tɛnísi]
zapatillas (f pl) de lona	atlete (pl)	[atlétɛ]
sandalias (f pl)	sandale (pl)	[sandálɛ]
zapatero (m)	këpucëtar (m)	[kəputsətár]
tacón (m)	takë (f)	[tákə]

par (m)	palë (f)	[pálə]
cordón (m)	lidhëse këpucësh (f)	[líðɛsɛ kəpútsəʃ]
encordonar (vt)	lidh këpucët	[lið kəpútsət]
calzador (m)	lugë këpucësh (f)	[lúgə kəpútsəʃ]
betún (m)	bojë këpucësh (f)	[bójə kəpútsəʃ]

35. Los textiles. Las telas

algodón (m)	pambuk (m)	[pambúk]
de algodón (adj)	i pambuktë	[i pambúktə]
lino (m)	li (m)	[li]
de lino (adj)	prej liri	[prɛj líri]

seda (f)	mëndafsh (m)	[məndáfʃ]
de seda (adj)	i mëndafshtë	[i məndáfʃtə]
lana (f)	lesh (m)	[lɛʃ]
de lana (adj)	i leshtë	[i léʃtə]

terciopelo (m)	kadife (f)	[kadífɛ]
gamuza (f)	kamosh (m)	[kamóʃ]
pana (f)	kadife me riga (f)	[kadífɛ mɛ ríga]

nilón (m)	najlon (m)	[najlón]
de nilón (adj)	prej najloni	[prɛj najlóni]
poliéster (m)	poliestër (m)	[poliéstər]
de poliéster (adj)	prej poliestri	[prɛj poliéstri]

piel (f) (cuero)	lëkurë (f)	[ləkúrə]
de piel (de cuero)	prej lëkure	[prɛj ləkúrɛ]
piel (f) (~ de zorro, etc.)	gëzof (m)	[gəzóf]
de piel (abrigo ~)	prej gëzofi	[prɛj gəzófi]

36. Accesorios personales

guantes (m pl)	dorëza (pl)	[dórəza]
manoplas (f pl)	doreza (f)	[doréza]
bufanda (f)	shall (m)	[ʃaɫ]

gafas (f pl)	syze (f)	[sýzɛ]
montura (f)	skelet syzesh (m)	[skɛlét sýzɛʃ]
paraguas (m)	çadër (f)	[tʃádər]
bastón (m)	bastun (m)	[bastún]
cepillo (m) de pelo	furçë flokësh (f)	[fúrtʃə flókəʃ]
abanico (m)	erashkë (f)	[ɛráʃkə]

corbata (f)	kravatë (f)	[kravátə]
pajarita (f)	papion (m)	[papión]
tirantes (m pl)	aski (pl)	[askí]
moquero (m)	shami (f)	[ʃamí]

| peine (m) | krehër (m) | [kréhər] |
| pasador (m) de pelo | kapëse flokësh (f) | [kápəsɛ flókəʃ] |

| horquilla (f) | karficë (f) | [karfítsə] |
| hebilla (f) | tokëz (f) | [tókəz] |

| cinturón (m) | rrip (m) | [rip] |
| correa (f) (de bolso) | rrip supi (m) | [rip súpi] |

bolsa (f)	çantë dore (f)	[tʃántə dórɛ]
bolso (m)	çantë (f)	[tʃántə]
mochila (f)	çantë shpine (f)	[tʃántə ʃpínɛ]

37. La ropa. Miscelánea

moda (f)	modë (f)	[módə]
de moda (adj)	në modë	[nə módə]
diseñador (m) de moda	stilist (m)	[stilíst]

cuello (m)	jakë (f)	[jákə]
bolsillo (m)	xhep (m)	[dʒɛp]
de bolsillo (adj)	i xhepit	[i dʒépit]
manga (f)	mëngë (f)	[méŋə]
presilla (f)	hallkë për varje (f)	[háłkə pər várjɛ]
bragueta (f)	zinxhir (m)	[zindʒír]

cremallera (f)	zinxhir (m)	[zindʒír]
cierre (m)	kapëse (f)	[kápəsɛ]
botón (m)	kopsë (f)	[kópsə]
ojal (m)	vrimë kopse (f)	[vrímə kópsɛ]
saltar (un botón)	këputet	[kəpútɛt]

coser (vi, vt)	qep	[cɛp]
bordar (vt)	qëndis	[cəndís]
bordado (m)	qëndisje (f)	[cəndísjɛ]
aguja (f)	gjilpërë për qepje (f)	[ɟilpérə pər cépjɛ]
hilo (m)	pe (m)	[pɛ]
costura (f)	tegel (m)	[tɛgél]

ensuciarse (vr)	bëhem pis	[bə́hɛm pis]
mancha (f)	njollë (f)	[ɲółə]
arrugarse (vr)	zhubros	[ʒubrós]
rasgar (vt)	gris	[gris]
polilla (f)	molë rrobash (f)	[mólə róbaʃ]

38. Productos personales. Cosméticos

pasta (f) de dientes	pastë dhëmbësh (f)	[pástə ðémbəʃ]
cepillo (m) de dientes	furçë dhëmbësh (f)	[fúrtʃə ðémbəʃ]
limpiarse los dientes	laj dhëmbët	[laj ðémbət]

maquinilla (f) de afeitar	brisk (m)	[brísk]
crema (f) de afeitar	pastë rroje (f)	[pástə rójɛ]
afeitarse (vr)	rruhem	[rúhɛm]
jabón (m)	sapun (m)	[sapún]

champú (m)	shampo (f)	[ʃampó]
tijeras (f pl)	gërshërë (f)	[gərʃérə]
lima (f) de uñas	limë thonjsh (f)	[límə θóɲʃ]
cortaúñas (m pl)	prerëse thonjsh (f)	[prérəsɛ θóɲʃ]
pinzas (f pl)	piskatore vetullash (f)	[piskatórɛ vétuɫaʃ]

cosméticos (m pl)	kozmetikë (f)	[kozmɛtíkə]
mascarilla (f)	maskë fytyre (f)	[máskə fytýrɛ]
manicura (f)	manikyr (m)	[manikýr]
hacer la manicura	bëj manikyr	[bəj manikýr]
pedicura (f)	pedikyr (m)	[pɛdikýr]

neceser (m) de maquillaje	çantë kozmetike (f)	[tʃántə kozmɛtíkɛ]
polvos (m pl)	pudër fytyre (f)	[púdər fytýrɛ]
polvera (f)	pudër kompakte (f)	[púdər kompáktɛ]
colorete (m), rubor (m)	ruzh (m)	[ruʒ]

perfume (m)	parfum (m)	[parfúm]
agua (f) perfumada	parfum (m)	[parfúm]
loción (f)	krem (m)	[krɛm]
agua (f) de colonia	kolonjë (f)	[kolóɲə]

sombra (f) de ojos	rimel (m)	[rimél]
lápiz (m) de ojos	laps për sy (m)	[láps pər sy]
rímel (m)	rimel (m)	[rimél]

pintalabios (m)	buzëkuq (m)	[buzəkúc]
esmalte (m) de uñas	llak për thonj (m)	[ɫak pər θóɲ]
fijador (m) (para el pelo)	llak flokësh (m)	[ɫak flókəʃ]
desodorante (m)	deodorant (m)	[dɛodoránt]

crema (f)	krem (m)	[krɛm]
crema (f) de belleza	krem për fytyrë (m)	[krɛm pər fytýrə]
crema (f) de manos	krem për duar (m)	[krɛm pər dúar]
crema (f) antiarrugas	krem kundër rrudhave (m)	[krɛm kúndər rúðavɛ]
crema (f) de día	krem dite (m)	[krɛm dítɛ]
crema (f) de noche	krem nate (m)	[krɛm nátɛ]
de día (adj)	dite	[dítɛ]
de noche (adj)	nate	[nátɛ]

tampón (m)	tampon (m)	[tampón]
papel (m) higiénico	letër higjienike (f)	[létər hiɟiɛníkɛ]
secador (m) de pelo	tharëse flokësh (f)	[θárəsɛ flókəʃ]

39. Las joyas

joyas (f pl)	bizhuteri (f)	[biʒutɛrí]
precioso (adj)	i çmuar	[i tʃmúar]
contraste (m)	vulë dalluese (f)	[vúlə daɫúɛsɛ]

anillo (m)	unazë (f)	[unázə]
anillo (m) de boda	unazë martese (f)	[unázə martésɛ]
pulsera (f)	byzylyk (m)	[byzylýk]
pendientes (m pl)	vathë (pl)	[váθə]

collar (m) (~ de perlas)	gjerdan (m)	[ɟɛrdán]
corona (f)	kurorë (f)	[kurórə]
collar (m) de abalorios	qafore me rruaza (f)	[cafórɛ mɛ ruáza]

diamante (m)	diamant (m)	[diamánt]
esmeralda (f)	smerald (m)	[smɛráld]
rubí (m)	rubin (m)	[rubín]
zafiro (m)	safir (m)	[safír]
perla (f)	perlë (f)	[pérlə]
ámbar (m)	qelibar (m)	[cɛlibár]

40. Los relojes

reloj (m)	orë dore (f)	[órə dórɛ]
esfera (f)	faqe e orës (f)	[fácɛ ɛ órəs]
aguja (f)	akrep (m)	[akrép]
pulsera (f)	rrip metalik ore (m)	[rip mɛtalík órɛ]
correa (f) (del reloj)	rrip ore (m)	[rip órɛ]

pila (f)	bateri (f)	[batɛrí]
descargarse (vr)	e shkarkuar	[ɛ ʃkarkúar]
cambiar la pila	ndërroj baterinë	[ndərój batɛrínə]
adelantarse (vr)	kalon shpejt	[kalón ʃpéjt]
retrasarse (vr)	ngel prapa	[ŋɛl prápa]

reloj (m) de pared	orë muri (f)	[órə múri]
reloj (m) de arena	orë rëre (f)	[órə rərɛ]
reloj (m) de sol	orë diellore (f)	[órə diɛłórɛ]
despertador (m)	orë me zile (f)	[órə mɛ zílɛ]
relojero (m)	orëndreqës (m)	[orəndrécəs]
reparar (vt)	ndreq	[ndréc]

La comida y la nutrición

41. La comida

carne (f)	mish (m)	[miʃ]
gallina (f)	pulë (f)	[púlə]
pollo (m)	mish pule (m)	[miʃ púlɛ]
pato (m)	rosë (f)	[rósə]
ganso (m)	patë (f)	[pátə]
caza (f) menor	gjah (m)	[ɟáh]
pava (f)	mish gjel deti (m)	[miʃ ɟɛl déti]

carne (f) de cerdo	mish derri (m)	[miʃ déri]
carne (f) de ternera	mish viçi (m)	[miʃ vítʃi]
carne (f) de carnero	mish qengji (m)	[miʃ cénɟi]
carne (f) de vaca	mish lope (m)	[miʃ lópɛ]
conejo (m)	mish lepuri (m)	[miʃ lépuri]

salchichón (m)	salsiçe (f)	[salsítʃɛ]
salchicha (f)	salsiçe vjeneze (f)	[salsítʃɛ vjɛnézɛ]
beicon (m)	proshutë (f)	[proʃútə]
jamón (m)	sallam (m)	[saɫám]
jamón (m) fresco	kofshë derri (f)	[kófʃə déri]

paté (m)	pate (f)	[paté]
hígado (m)	mëlçi (f)	[məltʃí]
carne (f) picada	hamburger (m)	[hamburgér]
lengua (f)	gjuhë (f)	[ɟúhə]

huevo (m)	ve (f)	[vɛ]
huevos (m pl)	vezë (pl)	[vézə]
clara (f)	e bardhë veze (f)	[ɛ bárðə vézɛ]
yema (f)	e verdhë veze (f)	[ɛ vérðə vézɛ]

pescado (m)	peshk (m)	[pɛʃk]
mariscos (m pl)	fruta deti (pl)	[frúta déti]
crustáceos (m pl)	krustace (pl)	[krustátsɛ]
caviar (m)	havjar (m)	[havjár]

cangrejo (m) de mar	gaforre (f)	[gafórɛ]
camarón (m)	karkalec (m)	[karkaléts]
ostra (f)	midhje (f)	[míðjɛ]
langosta (f)	karavidhe (f)	[karavíðɛ]
pulpo (m)	oktapod (m)	[oktapód]
calamar (m)	kallamarë (f)	[kaɫamárə]

esturión (m)	bli (m)	[blí]
salmón (m)	salmon (m)	[salmón]
fletán (m)	shojzë e Atlantikut Verior (f)	[ʃójzə ɛ atlantíkut vɛriór]
bacalao (m)	merluc (m)	[mɛrlúts]

caballa (f)	skumbri (m)	[skúmbri]
atún (m)	tunë (f)	[túnə]
anguila (f)	ngjalë (f)	[nɟálə]

trucha (f)	troftë (f)	[tróftə]
sardina (f)	sardele (f)	[sardélɛ]
lucio (m)	mlysh (m)	[mlýʃ]
arenque (m)	harengë (f)	[haréŋə]

pan (m)	bukë (f)	[búkə]
queso (m)	djath (m)	[djáθ]
azúcar (m)	sheqer (m)	[ʃɛcér]
sal (f)	kripë (f)	[krípə]

arroz (m)	oriz (m)	[oríz]
macarrones (m pl)	makarona (f)	[makaróna]
tallarines (m pl)	makarona petë (f)	[makaróna pétə]

mantequilla (f)	gjalp (m)	[ɟalp]
aceite (m) vegetal	vaj vegjetal (m)	[vaj vɛɟɛtál]
aceite (m) de girasol	vaj luledielli (m)	[vaj lulɛdiéɫi]
margarina (f)	margarinë (f)	[margarínə]

olivas (f pl)	ullinj (pl)	[uɫíɲ]
aceite (m) de oliva	vaj ulliri (m)	[vaj uɫíri]

leche (f)	qumësht (m)	[cúməʃt]
leche (f) condensada	qumësht i kondensuar (m)	[cúməʃt i kondɛnsúar]
yogur (m)	kos (m)	[kos]
nata (f) agria	salcë kosi (f)	[sáltsə kosi]
nata (f) líquida	krem qumështi (m)	[krɛm cúməʃti]

mayonesa (f)	majonezë (f)	[majonézə]
crema (f) de mantequilla	krem gjalpi (m)	[krɛm ɟálpi]

cereal molido grueso	drithëra (pl)	[dríθəra]
harina (f)	miell (m)	[míɛɫ]
conservas (f pl)	konserva (f)	[konsérva]

copos (m pl) de maíz	kornfleiks (m)	[kornfléiks]
miel (f)	mjaltë (f)	[mjáltə]
confitura (f)	reçel (m)	[rɛtʃél]
chicle (m)	çamçakëz (m)	[tʃamtʃakéz]

42. Las bebidas

agua (f)	ujë (m)	[újə]
agua (f) potable	ujë i pijshëm (m)	[újə i píjʃəm]
agua (f) mineral	ujë mineral (m)	[újə minɛrál]

sin gas	ujë natyral	[újə natyrál]
gaseoso (adj)	ujë i karbonuar	[újə i karbonúar]
con gas	ujë i gazuar	[újə i gazúar]
hielo (m)	akull (m)	[ákuɫ]

con hielo	me akull	[mɛ ákuɫ]
sin alcohol	jo alkoolik	[jo alkoolík]
bebida (f) sin alcohol	pije e lehtë (f)	[píjɛ ɛ léhtə]
refresco (m)	pije freskuese (f)	[píjɛ frɛskúɛsɛ]
limonada (f)	limonadë (f)	[limonádə]

bebidas (f pl) alcohólicas	likere (pl)	[likérɛ]
vino (m)	verë (f)	[vérə]
vino (m) blanco	verë e bardhë (f)	[vérə ɛ bárðə]
vino (m) tinto	verë e kuqe (f)	[vérə ɛ kúcɛ]

licor (m)	liker (m)	[likér]
champaña (f)	shampanjë (f)	[ʃampáɲə]
vermú (m)	vermut (m)	[vɛrmút]

whisky (m)	uiski (m)	[víski]
vodka (m)	vodkë (f)	[vódkə]
ginebra (f)	xhin (m)	[dʒin]
coñac (m)	konjak (m)	[koɲák]
ron (m)	rum (m)	[rum]

café (m)	kafe (f)	[káfɛ]
café (m) solo	kafe e zezë (f)	[káfɛ ɛ zézə]
café (m) con leche	kafe me qumësht (m)	[káfɛ mɛ cúməʃt]
capuchino (m)	kapuçino (m)	[kaputʃíno]
café (m) soluble	neskafe (f)	[nɛskáfɛ]

leche (f)	qumësht (m)	[cúməʃt]
cóctel (m)	koktej (m)	[koktéj]
batido (m)	milkshake (f)	[milkʃákɛ]

zumo (m), jugo (m)	lëng frutash (m)	[ləŋ frútaʃ]
jugo (m) de tomate	lëng domatesh (m)	[ləŋ domátɛʃ]
zumo (m) de naranja	lëng portokalli (m)	[ləŋ portokáɫi]
zumo (m) fresco	lëng frutash i freskët (m)	[ləŋ frútaʃ i fréskət]

cerveza (f)	birrë (f)	[bírə]
cerveza (f) rubia	birrë e lehtë (f)	[bírə ɛ léhtə]
cerveza (f) negra	birrë e zezë (f)	[bírə ɛ zézə]

té (m)	çaj (m)	[tʃáj]
té (m) negro	çaj i zi (m)	[tʃáj i zí]
té (m) verde	çaj jeshil (m)	[tʃáj jɛʃíl]

43. Las verduras

| legumbres (f pl) | perime (pl) | [pɛrímɛ] |
| verduras (f pl) | zarzavate (pl) | [zarzavátɛ] |

tomate (m)	domate (f)	[domátɛ]
pepino (m)	kastravec (m)	[kastravéts]
zanahoria (f)	karotë (f)	[karótə]
patata (f)	patate (f)	[patátɛ]
cebolla (f)	qepë (f)	[cépə]

ajo (m)	hudhër (f)	[húðər]
col (f)	lakër (f)	[lákər]
coliflor (f)	lulelakër (f)	[lulɛlákər]
col (f) de Bruselas	lakër Brukseli (f)	[lákər brukséli]
brócoli (m)	brokoli (m)	[brókoli]

remolacha (f)	panxhar (m)	[pandʒár]
berenjena (f)	patëllxhan (m)	[patəɫdʒán]
calabacín (m)	kungulleshë (m)	[kuŋuɫéʃə]
calabaza (f)	kungull (m)	[kúŋuɫ]
nabo (m)	rrepë (f)	[répə]

perejil (m)	majdanoz (m)	[majdanóz]
eneldo (m)	kopër (f)	[kópər]
lechuga (f)	sallatë jeshile (f)	[saɫátə jɛʃílɛ]
apio (m)	selino (f)	[sɛlíno]
espárrago (m)	asparagus (m)	[asparágus]
espinaca (f)	spinaq (m)	[spinác]

guisante (m)	bizele (f)	[bizélɛ]
habas (f pl)	fasule (f)	[fasúlɛ]
maíz (m)	misër (m)	[mísər]
fréjol (m)	groshë (f)	[gróʃə]

pimentón (m)	spec (m)	[spɛts]
rábano (m)	rrepkë (f)	[répkə]
alcachofa (f)	angjinare (f)	[anɟinárɛ]

44. Las frutas. Las nueces

fruto (m)	frut (m)	[frut]
manzana (f)	mollë (f)	[móɫə]
pera (f)	dardhë (f)	[dárðə]
limón (m)	limon (m)	[limón]
naranja (f)	portokall (m)	[portokáɫ]
fresa (f)	luleshtrydhe (f)	[lulɛʃtrýðɛ]

mandarina (f)	mandarinë (f)	[mandarínə]
ciruela (f)	kumbull (f)	[kúmbuɫ]
melocotón (m)	pjeshkë (f)	[pjéʃkə]
albaricoque (m)	kajsi (f)	[kajsí]
frambuesa (f)	mjedër (f)	[mjédər]
ananás (m)	ananas (m)	[ananás]

banana (f)	banane (f)	[banánɛ]
sandía (f)	shalqi (m)	[ʃalcí]
uva (f)	rrush (m)	[ruʃ]
guinda (f)	qershi vishnje (f)	[cɛrʃi víʃɲɛ]
cereza (f)	qershi (f)	[cɛrʃí]
melón (m)	pjepër (m)	[pjépər]

pomelo (m)	grejpfrut (m)	[grɛjpfrút]
aguacate (m)	avokado (f)	[avokádo]
papaya (m)	papaja (f)	[papája]

| mango (m) | mango (f) | [máŋo] |
| granada (f) | shegë (f) | [ʃégə] |

grosella (f) roja	kaliboba e kuqe (f)	[kalibóba ɛ kúcɛ]
grosella (f) negra	kaliboba e zezë (f)	[kalibóba ɛ zézə]
grosella (f) espinosa	kulumbri (f)	[kulumbrí]
arándano (m)	boronicë (f)	[boronítsə]
zarzamoras (f pl)	manaferra (f)	[manaféra]

pasas (f pl)	rrush i thatë (m)	[ruʃ i θátə]
higo (m)	fik (m)	[fik]
dátil (m)	hurmë (f)	[húrmə]

cacahuete (m)	kikirik (m)	[kikirík]
almendra (f)	bajame (f)	[bajámɛ]
nuez (f)	arrë (f)	[árə]
avellana (f)	lajthi (f)	[lajθí]
nuez (f) de coco	arrë kokosi (f)	[árə kokósi]
pistachos (m pl)	fëstëk (m)	[fəsték]

45. El pan. Los dulces

pasteles (m pl)	ëmbëlsira (pl)	[əmbəlsíra]
pan (m)	bukë (f)	[búkə]
galletas (f pl)	biskota (pl)	[biskóta]

chocolate (m)	çokollatë (f)	[tʃokołátə]
de chocolate (adj)	prej çokollate	[prɛj tʃokołátɛ]
caramelo (m)	karamele (f)	[karamélɛ]
tarta (f) (pequeña)	kek (m)	[kék]
tarta (f) (~ de cumpleaños)	tortë (f)	[tórtə]

| pastel (m) (~ de manzana) | tortë (f) | [tórtə] |
| relleno (m) | mbushje (f) | [mbúʃjɛ] |

confitura (f)	reçel (m)	[rɛtʃél]
mermelada (f)	marmelatë (f)	[marmɛlátə]
gofre (m)	vafera (pl)	[vaféra]
helado (m)	akullore (f)	[akułórɛ]
pudín (f)	puding (m)	[pudíŋ]

46. Los platos al horno

plato (m)	pjatë (f)	[pjátə]
cocina (f)	kuzhinë (f)	[kuʒínə]
receta (f)	recetë (f)	[rɛtsétə]
porción (f)	racion (m)	[ratsión]

ensalada (f)	sallatë (f)	[sałátə]
sopa (f)	supë (f)	[súpə]
caldo (m)	lëng mishi (m)	[ləŋ míʃi]
bocadillo (m)	sandviç (m)	[sandvítʃ]

huevos (m pl) fritos	vezë të skuqura (pl)	[vézə tə skúcura]
hamburguesa (f)	hamburger	[hamburgér]
bistec (m)	biftek (m)	[bifték]
guarnición (f)	garniturë (f)	[garnitúrə]
espagueti (m)	shpageti (pl)	[ʃpagéti]
puré (m) de patatas	pure patatesh (f)	[puré patátɛʃ]
pizza (f)	pica (f)	[pítsa]
gachas (f pl)	qull (m)	[cuɫ]
tortilla (f) francesa	omëletë (f)	[oməlétə]
cocido en agua (adj)	i zier	[i zíɛr]
ahumado (adj)	i tymosur	[i tymósur]
frito (adj)	i skuqur	[i skúcur]
seco (adj)	i tharë	[i θárə]
congelado (adj)	i ngrirë	[i ŋrírə]
marinado (adj)	i marinuar	[i marinúar]
azucarado (adj)	i ëmbël	[i əmbəl]
salado (adj)	i kripur	[i krípur]
frío (adj)	i ftohtë	[i ftóhtə]
caliente (adj)	i nxehtë	[i ndzéhtə]
amargo (adj)	i hidhur	[i híður]
sabroso (adj)	i shijshëm	[i ʃíʃəm]
cocer en agua	ziej	[zíɛj]
preparar (la cena)	gatuaj	[gatúaj]
freír (vt)	skuq	[skuc]
calentar (vt)	ngroh	[ŋróh]
salar (vt)	hedh kripë	[hɛð krípə]
poner pimienta	hedh piper	[hɛð pipér]
rallar (vt)	rendoj	[rɛndój]
piel (f)	lëkurë (f)	[ləkúrə]
pelar (vt)	qëroj	[cərój]

47. Las especias

sal (f)	kripë (f)	[krípə]
salado (adj)	i kripur	[i krípur]
salar (vt)	hedh kripë	[hɛð krípə]
pimienta (f) negra	piper i zi (m)	[pipér i zi]
pimienta (f) roja	piper i kuq (m)	[pipér i kuc]
mostaza (f)	mustardë (f)	[mustárdə]
rábano (m) picante	rrepë djegëse (f)	[répə djégəsɛ]
condimento (m)	salcë (f)	[sáltsə]
especia (f)	erëz (f)	[érəz]
salsa (f)	salcë (f)	[sáltsə]
vinagre (m)	uthull (f)	[úθuɫ]
anís (m)	anisetë (f)	[anisétə]
albahaca (f)	borzilok (m)	[borzilók]

clavo (m)	karafil (m)	[karafíl]
jengibre (m)	xhenxhefil (m)	[dʒɛndʒɛfíl]
cilantro (m)	koriandër (m)	[koriándər]
canela (f)	kanellë (f)	[kanétə]

sésamo (m)	susam (m)	[susám]
hoja (f) de laurel	gjeth dafine (m)	[ɟɛθ dafínɛ]
paprika (f)	spec (m)	[spɛts]
comino (m)	kumin (m)	[kumín]
azafrán (m)	shafran (m)	[ʃafrán]

48. Las comidas

| comida (f) | ushqim (m) | [uʃcím] |
| comer (vi, vt) | ha | [ha] |

desayuno (m)	mëngjes (m)	[mənɟés]
desayunar (vi)	ha mëngjes	[ha mənɟés]
almuerzo (m)	drekë (f)	[drékə]
almorzar (vi)	ha drekë	[ha drékə]
cena (f)	darkë (f)	[dárkə]
cenar (vi)	ha darkë	[ha dárkə]

| apetito (m) | oreks (m) | [oréks] |
| ¡Que aproveche! | Të bëftë mirë! | [tə bəftə mírə!] |

abrir (vt)	hap	[hap]
derramar (líquido)	derdh	[dérð]
derramarse (líquido)	derdhje	[dérðjɛ]

hervir (vi)	ziej	[zíɛj]
hervir (vt)	ziej	[zíɛj]
hervido (agua ~a)	i zier	[i zíɛr]
enfriar (vt)	ftoh	[ftoh]
enfriarse (vr)	ftohje	[ftóhjɛ]

| sabor (m) | shije (f) | [ʃíjɛ] |
| regusto (m) | shije (f) | [ʃíjɛ] |

adelgazar (vi)	dobësohem	[dobəsóhɛm]
dieta (f)	dietë (f)	[diétə]
vitamina (f)	vitaminë (f)	[vitamínə]
caloría (f)	kalori (f)	[kalorí]

| vegetariano (m) | vegjetarian (m) | [vɛɟɛtarián] |
| vegetariano (adj) | vegjetarian | [vɛɟɛtarián] |

grasas (f pl)	yndyrë (f)	[yndýrə]
proteínas (f pl)	proteinë (f)	[protɛínə]
carbohidratos (m pl)	karbohidrat (m)	[karbohidrát]

loncha (f)	fetë (f)	[fétə]
pedazo (m)	copë (f)	[tsópə]
miga (f)	dromcë (f)	[drómtsə]

49. Los cubiertos

cuchara (f)	lugë (f)	[lúgə]
cuchillo (m)	thikë (f)	[θíkə]
tenedor (m)	pirun (m)	[pirún]
taza (f)	filxhan (m)	[fildʒán]
plato (m)	pjatë (f)	[pjátə]
platillo (m)	pjatë filxhani (f)	[pjátə fildʒáni]
servilleta (f)	pecetë (f)	[pɛtsétə]
mondadientes (m)	kruajtëse dhëmbësh (f)	[krúajtəsɛ ðémbəʃ]

50. El restaurante

restaurante (m)	restorant (m)	[rɛstoránt]
cafetería (f)	kafene (f)	[kafɛné]
bar (m)	pab (m), pijetore (f)	[pab], [pijɛtórɛ]
salón (m) de té	çajtore (f)	[tʃajtórɛ]
camarero (m)	kamerier (m)	[kamɛriér]
camarera (f)	kameriere (f)	[kamɛriérɛ]
barman (m)	banakier (m)	[banakiér]
carta (f), menú (m)	menu (f)	[mɛnú]
carta (f) de vinos	menu verërash (f)	[mɛnú vérəraʃ]
reservar una mesa	rezervoj një tavolinë	[rɛzɛrvój ɲə tavolínə]
plato (m)	pjatë (f)	[pjátə]
pedir (vt)	porosis	[porosís]
hacer el pedido	bëj porosinë	[bəj porosínə]
aperitivo (m)	aperitiv (m)	[apɛritív]
entremés (m)	antipastë (f)	[antipástə]
postre (m)	ëmbëlsirë (f)	[əmbəlsírə]
cuenta (f)	faturë (f)	[fatúrə]
pagar la cuenta	paguaj faturën	[pagúaj fatúrən]
dar la vuelta	jap kusur	[jap kusúr]
propina (f)	bakshish (m)	[bakʃíʃ]

La familia nuclear, los parientes y los amigos

51. La información personal. Los formularios

nombre (m)	emër (m)	[émər]
apellido (m)	mbiemër (m)	[mbiémər]
fecha (f) de nacimiento	datëlindje (f)	[datəlíndjɛ]
lugar (m) de nacimiento	vendlindje (f)	[vɛndlíndjɛ]
nacionalidad (f)	kombësi (f)	[kombəsí]
domicilio (m)	vendbanim (m)	[vɛndbaním]
país (m)	shtet (m)	[ʃtɛt]
profesión (f)	profesion (m)	[profɛsión]
sexo (m)	gjinia (f)	[ɟinía]
estatura (f)	gjatësia (f)	[ɟatəsía]
peso (m)	peshë (f)	[péʃə]

52. Los familiares. Los parientes

madre (f)	nënë (f)	[nénə]
padre (m)	baba (f)	[babá]
hijo (m)	bir (m)	[biɾ]
hija (f)	bijë (f)	[bíjə]
hija (f) menor	vajza e vogël (f)	[vájza ɛ vógəl]
hijo (m) menor	djali i vogël (m)	[djáli i vógəl]
hija (f) mayor	vajza e madhe (f)	[vájza ɛ máðɛ]
hijo (m) mayor	djali i vogël (m)	[djáli i vógəl]
hermano (m)	vëlla (m)	[vəłá]
hermano (m) mayor	vëllai i madh (m)	[vəłái i mað]
hermano (m) menor	vëllai i vogël (m)	[vəłai i vógəl]
hermana (f)	motër (f)	[mótər]
hermana (f) mayor	motra e madhe (f)	[mótra ɛ máðɛ]
hermana (f) menor	motra e vogël (f)	[mótra ɛ vógəl]
primo (m)	kushëri (m)	[kuʃərí]
prima (f)	kushërirë (f)	[kuʃərírə]
mamá (f)	mami (f)	[mámi]
papá (m)	babi (m)	[bábi]
padres (m pl)	prindër (pl)	[príndər]
niño -a (m, f)	fëmijë (f)	[fəmíjə]
niños (m pl)	fëmijë (pl)	[fəmíjə]
abuela (f)	gjyshe (f)	[ɟýʃɛ]
abuelo (m)	gjysh (m)	[ɟyʃ]

nieto (m)	nip (m)	[nip]
nieta (f)	mbesë (f)	[mbésə]
nietos (m pl)	nipër e mbesa (pl)	[nípər ɛ mbésa]
tío (m)	dajë (f)	[dájə]
tía (f)	teze (f)	[tézɛ]
sobrino (m)	nip (m)	[nip]
sobrina (f)	mbesë (f)	[mbésə]
suegra (f)	vjehrrë (f)	[vjéhrə]
suegro (m)	vjehrri (m)	[vjéhri]
yerno (m)	dhëndër (m)	[ðə́ndər]
madrastra (f)	njerkë (f)	[ɲérkə]
padrastro (m)	njerk (m)	[ɲérk]
niño (m) de pecho	foshnjë (f)	[fóʃnə]
bebé (m)	fëmijë (f)	[fəmíjə]
chico (m)	djalosh (m)	[djalóʃ]
mujer (f)	bashkëshorte (f)	[baʃkəʃórtɛ]
marido (m)	bashkëshort (m)	[baʃkəʃórt]
esposo (m)	bashkëshort (m)	[baʃkəʃórt]
esposa (f)	bashkëshorte (f)	[baʃkəʃórtɛ]
casado (adj)	i martuar	[i martúar]
casada (adj)	e martuar	[ɛ martúar]
soltero (adj)	beqar	[bɛcár]
soltero (m)	beqar (m)	[bɛcár]
divorciado (adj)	i divorcuar	[i divortsúar]
viuda (f)	vejushë (f)	[vɛjúʃə]
viudo (m)	vejan (m)	[vɛján]
pariente (m)	kushëri (m)	[kuʃərí]
pariente (m) cercano	kushëri i afërt (m)	[kuʃərí i áfərt]
pariente (m) lejano	kushëri i largët (m)	[kuʃərí i lárgət]
parientes (m pl)	kushërinj (pl)	[kuʃəríɲ]
huérfano (m)	jetim (m)	[jɛtím]
huérfana (f)	jetime (f)	[jɛtímɛ]
tutor (m)	kujdestar (m)	[kujdɛstár]
adoptar (un niño)	adoptoj	[adoptój]
adoptar (una niña)	adoptoj	[adoptój]

53. Los amigos. Los compañeros del trabajo

amigo (m)	mik (m)	[mik]
amiga (f)	mike (f)	[míkɛ]
amistad (f)	miqësi (f)	[micəsí]
ser amigo	të miqësohem	[tə micəsóhɛm]
amigote (m)	shok (m)	[ʃok]
amiguete (f)	shoqe (f)	[ʃócɛ]
compañero (m)	partner (m)	[partnér]
jefe (m)	shef (m)	[ʃɛf]

superior (m)	epror (m)	[ɛprór]
propietario (m)	pronar (m)	[pronár]
subordinado (m)	vartës (m)	[vártəs]
colega (m, f)	koleg (m)	[kolég]

conocido (m)	i njohur (m)	[i ɲóhur]
compañero (m) de viaje	bashkudhëtar (m)	[baʃkuðətár]
condiscípulo (m)	shok klase (m)	[ʃok klásɛ]

vecino (m)	komshi (m)	[komʃí]
vecina (f)	komshike (f)	[komʃíkɛ]
vecinos (m pl)	komshinj (pl)	[komʃíɲ]

54. El hombre. La mujer

mujer (f)	grua (f)	[grúa]
muchacha (f)	vajzë (f)	[vájzə]
novia (f)	nuse (f)	[núsɛ]

guapa (adj)	i bukur	[i búkur]
alta (adj)	i gjatë	[i ɟátə]
esbelta (adj)	i hollë	[i hółə]
de estatura mediana	i shkurtër	[i ʃkúrtər]

| rubia (f) | bionde (f) | [bióndɛ] |
| morena (f) | zeshkane (f) | [zɛʃkánɛ] |

de señora (adj)	për femra	[pər fémra]
virgen (f)	virgjëreshë (f)	[viɲəréʃə]
embarazada (adj)	shtatzënë	[ʃtatzénə]

hombre (m) (varón)	burrë (m)	[búrə]
rubio (m)	biond (m)	[biónd]
moreno (m)	zeshkan (m)	[zɛʃkán]
alto (adj)	i gjatë	[i ɟátə]
de estatura mediana	i shkurtër	[i ʃkúrtər]

grosero (adj)	i vrazhdë	[i vráʒdə]
rechoncho (adj)	trupngjeshur	[trupnɟéʃur]
robusto (adj)	i fuqishëm	[i fucíʃəm]
fuerte (adj)	i fortë	[i fórtə]
fuerza (f)	forcë (f)	[fórtsə]

gordo (adj)	bullafiq	[bułafíc]
moreno (adj)	zeshkan	[zɛʃkán]
esbelto (adj)	i hollë	[i hółə]
elegante (adj)	elegant	[ɛlɛgánt]

55. La edad

| edad (f) | moshë (f) | [móʃə] |
| juventud (f) | rini (f) | [riní] |

joven (adj)	i ri	[i rí]
menor (adj)	më i ri	[mə i rí]
mayor (adj)	më i vjetër	[mə i vjétər]
joven (m)	djalë i ri (m)	[djálə i rí]
adolescente (m)	adoleshent (m)	[adolɛʃént]
muchacho (m)	djalë (f)	[djálə]
anciano (m)	plak (m)	[plak]
anciana (f)	plakë (f)	[plákə]
adulto	i rritur	[i rítur]
de edad media (adj)	mesoburrë	[mɛsobúrə]
de edad, anciano (adj)	i moshuar	[i moʃúar]
viejo (adj)	i vjetër	[i vjétər]
jubilación (f)	pension (m)	[pɛnsión]
jubilarse	dal në pension	[dál nə pɛnsión]
jubilado (m)	pensionist (m)	[pɛnsioníst]

56. Los niños

niño -a (m, f)	fëmijë (f)	[fəmíjə]
niños (m pl)	fëmijë (pl)	[fəmíjə]
gemelos (m pl)	binjakë (pl)	[biɲákə]
cuna (f)	djep (m)	[djép]
sonajero (m)	rraketake (f)	[rakɛtákɛ]
pañal (m)	pelenë (f)	[pɛlénə]
chupete (m)	biberon (m)	[bibɛrón]
cochecito (m)	karrocë për bebe (f)	[karótsə pər bébɛ]
jardín (m) de infancia	kopsht fëmijësh (m)	[kópʃt fəmíjəʃ]
niñera (f)	dado (f)	[dádo]
infancia (f)	fëmijëri (f)	[fəmijərí]
muñeca (f)	kukull (f)	[kúkuɫ]
juguete (m)	lodër (f)	[lódər]
mecano (m)	lodër për ndërtim (m)	[lódər pər ndərtím]
bien criado (adj)	i edukuar	[i ɛdukúar]
malcriado (adj)	i paedukuar	[i paɛdukúar]
mimado (adj)	i llastuar	[i ɫastúar]
hacer travesuras	trazovaç	[trazováʧ]
travieso (adj)	mistrec	[mistréts]
travesura (f)	shpirtligësi (f)	[ʃpirtligəsí]
travieso (m)	fëmijë mistrec (m)	[fəmíjə mistréts]
obediente (adj)	i bindur	[i bíndur]
desobediente (adj)	i pabindur	[i pabíndur]
dócil (adj)	i butë	[i bútə]
inteligente (adj)	i zgjuar	[i zɟúar]
niño (m) prodigio	fëmijë gjeni (m)	[fəmíjə ɟɛní]

57. Los matrimonios. La vida familiar

besar (vt)	puth	[puθ]
besarse (vi)	puthem	[púθɛm]
familia (f)	familje (f)	[famíljɛ]
familiar (adj)	familjare	[familjárɛ]
pareja (f)	çift (m)	[tʃíft]
matrimonio (m)	martesë (f)	[martésə]
hogar (m) familiar	vatra (f)	[vátra]
dinastía (f)	dinasti (f)	[dinastí]

cita (f)	takim (m)	[takím]
beso (m)	puthje (f)	[púθjɛ]

amor (m)	dashuri (f)	[daʃurí]
querer (amar)	dashuroj	[daʃurój]
querido (adj)	i dashur	[i dáʃur]

ternura (f)	ndjeshmëri (f)	[ndjɛʃmərí]
tierno (afectuoso)	i ndjeshëm	[i ndjéʃəm]
fidelidad (f)	besnikëri (f)	[bɛsnikərí]
fiel (adj)	besnik	[bɛsník]
cuidado (m)	kujdes (m)	[kujdés]
cariñoso (un padre ~)	i dashur	[i dáʃur]

recién casados (pl)	të porsamartuar (pl)	[tə porsamartúar]
luna (f) de miel	muaj mjalti (m)	[múaj mjálti]
estar casada	martohem	[martóhɛm]
casarse (con una mujer)	martohem	[martóhɛm]

boda (f)	dasmë (f)	[dásmə]
bodas (f pl) de oro	martesë e artë (f)	[martésə ɛ ártə]
aniversario (m)	përvjetor (m)	[pərvjɛtór]

amante (m)	dashnor (m)	[daʃnór]
amante (f)	dashnore (f)	[daʃnórɛ]

adulterio (m)	tradhti bashkëshortore (f)	[traðtí baʃkəʃortórɛ]
cometer adulterio	tradhtoj …	[traðtój …]
celoso (adj)	xheloz	[dʒɛlóz]
tener celos	jam xheloz	[jam dʒɛlóz]
divorcio (m)	divorc (m)	[divórts]
divorciarse (vr)	divorcoj	[divortsój]

reñir (vi)	grindem	[gríndɛm]
reconciliarse (vr)	pajtohem	[pajtóhɛm]
juntos (adv)	së bashku	[sə báʃku]
sexo (m)	seks (m)	[sɛks]

felicidad (f)	lumturi (f)	[lumturí]
feliz (adj)	i lumtur	[i lúmtur]
desgracia (f)	fatkeqësi (f)	[fatkɛcəsí]
desgraciado (adj)	i trishtuar	[i triʃtúar]

Las características de personalidad. Los sentimientos

58. Los sentimientos. Las emociones

sentimiento (m)	ndjenjë (f)	[ndjéɲə]
sentimientos (m pl)	ndjenja (pl)	[ndjéɲa]
sentir (vt)	ndjej	[ndjéj]
hambre (f)	uri (f)	[urí]
tener hambre	kam uri	[kam urí]
sed (f)	etje (f)	[étjɛ]
tener sed	kam etje	[kam étjɛ]
somnolencia (f)	përgjumësi (f)	[pərɟumɘsí]
tener sueño	përgjumje	[pərɟúmjɛ]
cansancio (m)	lodhje (f)	[lóðjɛ]
cansado (adj)	i lodhur	[i lóðuɾ]
estar cansado	lodhem	[lóðɛm]
humor (m) (de buen ~)	humor (m)	[humóɾ]
aburrimiento (m)	mërzitje (f)	[mərzítjɛ]
aburrirse (vr)	mërzitem	[mərzítɛm]
soledad (f)	izolim (m)	[izolím]
aislarse (vr)	izolohem	[izolóhɛm]
inquietar (vt)	shqetësoj	[ʃcɛtəsój]
inquietarse (vr)	shqetësohem	[ʃcɛtəsóhɛm]
inquietud (f)	shqetësim (m)	[ʃcɛtəsím]
preocupación (f)	ankth (m)	[ankθ]
preocupado (adj)	i merakosur	[i mɛrakósuɾ]
estar nervioso	nervozohem	[nɛrvozóhɛm]
darse al pánico	më zë paniku	[mə zə paníku]
esperanza (f)	shpresë (f)	[ʃprésə]
esperar (tener esperanza)	shpresoj	[ʃprɛsój]
seguridad (f)	siguri (f)	[sigurí]
seguro (adj)	i sigurt	[i sígurt]
inseguridad (f)	pasiguri (f)	[pasigurí]
inseguro (adj)	i pasigurt	[i pasígurt]
borracho (adj)	i dehur	[i déhuɾ]
sobrio (adj)	i kthjellët	[i kθjéɬət]
débil (adj)	i dobët	[i dóbət]
feliz (adj)	i lumtur	[i lúmtuɾ]
asustar (vt)	tremb	[trɛmb]
furia (f)	tërbim (m)	[tərbím]
rabia (f)	inat (m)	[inát]
depresión (f)	depresion (m)	[dɛprɛsión]
incomodidad (f)	parehati (f)	[parɛhatí]

comodidad (f)	rehati (f)	[rɛhatí]
arrepentirse (vr)	pendohem	[pɛndóhɛm]
arrepentimiento (m)	pendim (m)	[pɛndím]
mala suerte (f)	ters (m)	[tɛrs]
tristeza (f)	trishtim (m)	[triʃtím]

vergüenza (f)	turp (m)	[turp]
júbilo (m)	gëzim (m)	[gəzím]
entusiasmo (m)	entuziazëm (m)	[ɛntuziázəm]
entusiasta (m)	entuziast (m)	[ɛntuziást]
mostrar entusiasmo	tregoj entuziazëm	[trɛgój ɛntuziázəm]

59. El carácter. La personalidad

carácter (m)	karakter (m)	[karaktér]
defecto (m)	dobësi karakteri (f)	[dobəsí karaktéri]
mente (f)	mendje (f)	[méndjɛ]
razón (f)	arsye (f)	[arsýɛ]

consciencia (f)	ndërgjegje (f)	[ndərɟéɟɛ]
hábito (m)	zakon (m)	[zakón]
habilidad (f)	aftësi (f)	[aftəsí]
poder (nadar, etc.)	mund	[mund]

paciente (adj)	i duruar	[i durúar]
impaciente (adj)	i paduruar	[i padurúar]
curioso (adj)	kurioz	[kurióz]
curiosidad (f)	kuriozitet (m)	[kuriozitét]

modestia (f)	modesti (f)	[modɛstí]
modesto (adj)	modest	[modést]
inmodesto (adj)	i paturpshëm	[i patúrpʃəm]

pereza (f)	dembeli (f)	[dɛmbɛlí]
perezoso (adj)	dembel	[dɛmbél]
perezoso (m)	dembel (m)	[dɛmbél]

astucia (f)	dinakëri (f)	[dinakərí]
astuto (adj)	dinak	[dinák]
desconfianza (f)	mosbesim (m)	[mosbɛsím]
desconfiado (adj)	mosbesues	[mosbɛsúɛs]

generosidad (f)	zemërgjerësi (f)	[zɛmərɟɛrəsí]
generoso (adj)	zemërgjerë	[zɛmərɟérə]
talentoso (adj)	i talentuar	[i talɛntúar]
talento (m)	talent (m)	[talént]

valiente (adj)	i guximshëm	[i gudzímʃəm]
coraje (m)	guxim (m)	[gudzím]
honesto (adj)	i ndershëm	[i ndérʃəm]
honestidad (f)	ndershmëri (f)	[ndɛrʃmərí]

| prudente (adj) | i kujdesshëm | [i kujdésʃəm] |
| valeroso (adj) | trim, guximtar | [trim], [gudzimtár] |

serio (adj)	serioz	[sɛrióz]
severo (adj)	i rreptë	[i réptə]

decidido (adj)	i vendosur	[i vɛndósur]
indeciso (adj)	i pavendosur	[i pavɛndósur]
tímido (adj)	i turpshëm	[i túrpʃəm]
timidez (f)	turp (m)	[turp]

confianza (f)	besim në vetvete (m)	[bɛsím nə vɛtvétɛ]
creer (créeme)	besoj	[bɛsój]
confiado (crédulo)	i besueshëm	[i bɛsúɛʃəm]

sinceramente (adv)	sinqerisht	[síncɛriʃt]
sincero (adj)	i sinqertë	[i sincértə]
sinceridad (f)	sinqeritet (m)	[sincɛritét]
abierto (adj)	i hapur	[i hápur]

calmado (adj)	i qetë	[i cétə]
franco (sincero)	i dëlirë	[i dəlírə]
ingenuo (adj)	naiv	[naív]
distraído (adj)	i hutuar	[i hutúar]
gracioso (adj)	zbavitës	[zbavítəs]

avaricia (f)	lakmi (f)	[lakmí]
avaro (adj)	lakmues	[lakmúɛs]
tacaño (adj)	koprrac	[kopráts]
malvado (adj)	djallëzor	[djaɫəzór]
terco (adj)	kokëfortë	[kokəfórtə]
desagradable (adj)	i pakëndshëm	[i pakéndʃəm]

egoísta (m)	egoist (m)	[ɛgoíst]
egoísta (adj)	egoist	[ɛgoíst]
cobarde (m)	frikacak (m)	[frikatsák]
cobarde (adj)	frikacak	[frikatsák]

60. El sueño. Los sueños

dormir (vi)	fle	[flɛ]
sueño (m) (estado)	gjumë (m)	[ɟúmə]
sueño (m) (dulces ~s)	ëndërr (m)	[éndər]
soñar (vi)	ëndërroj	[əndərój]
adormilado (adj)	përgjumshëm	[pərɟúmʃəm]

cama (f)	shtrat (m)	[ʃtrat]
colchón (m)	dyshek (m)	[dyʃék]
manta (f)	mbulesë (f)	[mbulésə]
almohada (f)	jastëk (m)	[jasték]
sábana (f)	çarçaf (m)	[tʃartʃáf]

insomnio (m)	pagjumësi (f)	[paɟuməsí]
de insomnio (adj)	i pagjumë	[i paɟúmə]
somnífero (m)	ilaç gjumi (m)	[ilátʃ ɟúmi]
tomar el somnífero	marr ilaç gjumi	[mar ilátʃ ɟúmi]
tener sueño	përgjumje	[pərɟúmjɛ]

bostezar (vi)	më hapet goja	[mə hápɛt gója]
irse a la cama	shkoj të fle	[ʃkoj tə flɛ]
hacer la cama	rregulloj shtratin	[rɛguɫój ʃtrátin]
dormirse (vr)	më zë gjumi	[mə zə ɟúmi]

pesadilla (f)	ankth (m)	[ankθ]
ronquido (m)	gërhitje (f)	[gərhítjɛ]
roncar (vi)	gërhas	[gərhás]

despertador (m)	orë me zile (f)	[órə mɛ zílɛ]
despertar (vt)	zgjoj	[zɟoj]
despertarse (vr)	zgjohem nga gjumi	[zɟóhɛm ŋa ɟúmi]
levantarse (vr)	ngrihem	[ŋríhɛm]
lavarse (vr)	laj	[laj]

61. El humor. La risa. La alegría

humor (m)	humor (m)	[humór]
sentido (m) del humor	sens humori (m)	[sɛns humóri]
divertirse (vr)	kënaqem	[kənácɛm]
alegre (adj)	gëzueshëm	[gəzúɛʃəm]
júbilo (m)	gëzim (m)	[gəzím]

sonrisa (f)	buzëqeshje (f)	[buzəcéʃjɛ]
sonreír (vi)	buzëqesh	[buzəcéʃ]
echarse a reír	filloj të qesh	[fiɫój tə céʃ]
reírse (vr)	qesh	[cɛʃ]
risa (f)	qeshje (f)	[céʃjɛ]

anécdota (f)	anekdotë (f)	[anɛkdótə]
gracioso (adj)	për të qeshur	[pər tə céʃur]
ridículo (adj)	zbavitës	[zbavítəs]

bromear (vi)	bëj shaka	[bəj ʃaká]
broma (f)	shaka (f)	[ʃaká]
alegría (f) (emoción)	gëzim (m)	[gəzím]
alegrarse (vr)	ngazëllohem	[ŋazəɫóhɛm]
alegre (~ de que ...)	gazmor	[gazmór]

62. La discusión y la conversación. Unidad 1

| comunicación (f) | komunikim (m) | [komunikím] |
| comunicarse (vr) | komunikoj | [komunikój] |

conversación (f)	bisedë (f)	[bisédə]
diálogo (m)	dialog (m)	[dialóg]
discusión (f) (debate)	diskutim (m)	[diskutím]
debate (m)	mosmarrëveshje (f)	[mosmarəvéʃjɛ]
debatir (vi)	kundërshtoj	[kundərʃtój]

| interlocutor (m) | bashkëbisedues (m) | [baʃkəbisɛdúɛs] |
| tema (m) | temë (f) | [témə] |

punto (m) de vista	pikëpamje (f)	[pikəpámjɛ]
opinión (f)	opinion (m)	[opinión]
discurso (m)	fjalim (m)	[fjalím]

discusión (f) (del informe, etc.)	diskutim (m)	[diskutím]
discutir (vt)	diskutoj	[diskutój]
conversación (f)	bisedë (f)	[bisédə]
conversar (vi)	bisedoj	[bisɛdój]
reunión (f)	takim (m)	[takím]
encontrarse (vr)	takoj	[takój]

proverbio (m)	fjalë e urtë (f)	[fjálə ɛ úrtə]
dicho (m)	thënie (f)	[θéniɛ]
adivinanza (f)	gjëegjëzë (f)	[ɟəéɟəzə]
contar una adivinanza	them gjëegjëzë	[θɛm ɟəéɟəzə]
contraseña (f)	fjalëkalim (m)	[fjaləkalím]
secreto (m)	sekret (m)	[sɛkrét]

juramento (m)	betim (m)	[bɛtím]
jurar (vt)	betohem	[bɛtóhɛm]
promesa (f)	premtim (m)	[prɛmtím]
prometer (vt)	premtoj	[prɛmtój]

consejo (m)	këshillë (f)	[kəʃíɫə]
aconsejar (vt)	këshilloj	[kəʃiɫój]
seguir el consejo	ndjek këshillën	[ndjék kəʃíɫən]
escuchar (a los padres)	bindem ...	[bíndɛm ...]

noticias (f pl)	lajme (f)	[lájmɛ]
sensación (f)	ndjesi (f)	[ndjɛsí]
información (f)	informacion (m)	[informatsión]
conclusión (f)	përfundim (m)	[pərfundím]
voz (f)	zë (f)	[zə]
cumplido (m)	kompliment (m)	[komplimént]
amable (adj)	i mirë	[i mírə]

palabra (f)	fjalë (f)	[fjálə]
frase (f)	frazë (f)	[frázə]
respuesta (f)	përgjigje (f)	[pərɟíɟɛ]

verdad (f)	e vërtetë (f)	[ɛ vərtétə]
mentira (f)	gënjeshtër (f)	[gəɲéʃtər]

pensamiento (m)	mendim (m)	[mɛndím]
idea (f)	ide (f)	[idé]
fantasía (f)	fantazi (f)	[fantazí]

63. La discusión y la conversación. Unidad 2

respetado (adj)	i nderuar	[i ndɛrúar]
respetar (vt)	nderoj	[ndɛrój]
respeto (m)	nder (m)	[ndér]
Estimado ...	i dashur ...	[i dáʃur ...]
presentar (~ a sus padres)	prezantoj	[prɛzantój]

conocer a alguien	njoftoj	[ɲoftój]
intención (f)	qëllim (m)	[cəɫím]
tener intención (de ...)	kam ndërmend	[kam ndərménd]
deseo (m)	dëshirë (f)	[dəʃírə]
desear (vt) (~ buena suerte)	dëshiroj	[dəʃirój]

sorpresa (f)	surprizë (f)	[surprízə]
sorprender (vt)	befasoj	[bɛfasój]
sorprenderse (vr)	çuditem	[tʃudítɛm]

dar (vt)	jap	[jap]
tomar (vt)	marr	[mar]
devolver (vt)	kthej	[kθɛj]
retornar (vt)	rikthej	[rikθéj]

disculparse (vr)	kërkoj falje	[kərkój fáljɛ]
disculpa (f)	falje (f)	[fáljɛ]
perdonar (vt)	fal	[fal]

hablar (vi)	flas	[flas]
escuchar (vt)	dëgjoj	[dəɟój]
escuchar hasta el final	tregoj vëmendje	[trɛgój vəméndjɛ]
comprender (vt)	kuptoj	[kuptój]

mostrar (vt)	tregoj	[trɛgój]
mirar a ...	shikoj ...	[ʃikój ...]
llamar (vt)	thërras	[θərás]
distraer (molestar)	tërheq vëmendjen	[tərhéc vəméndjɛn]
molestar (vt)	shqetësoj	[ʃcɛtəsój]
pasar (~ un mensaje)	jap	[jap]

petición (f)	kërkesë (f)	[kərkésə]
pedir (vt)	kërkoj	[kərkój]
exigencia (f)	kërkesë (f)	[kərkésə]
exigir (vt)	kërkoj	[kərkój]

motejar (vr)	ngacmoj	[ŋatsmój]
burlarse (vr)	tallem	[táɫɛm]
burla (f)	tallje (f)	[táɫjɛ]
apodo (m)	pseudonim (m)	[psɛudoním]

alusión (f)	nënkuptim (m)	[nənkuptím]
aludir (vi)	nënkuptoj	[nənkuptój]
sobrentender (vt)	dua të them	[dúa tə θém]

descripción (f)	përshkrim (m)	[pərʃkrím]
describir (vt)	përshkruaj	[pərʃkrúaj]
elogio (m)	lëvdatë (f)	[ləvdátə]
elogiar (vt)	lavdëroj	[lavdərój]

decepción (f)	zhgënjim (m)	[ʒgəɲím]
decepcionar (vt)	zhgënjej	[ʒgəɲéj]
estar decepcionado	zhgënjehem	[ʒgəɲéhɛm]

| suposición (f) | supozim (m) | [supozím] |
| suponer (vt) | supozoj | [supozój] |

advertencia (f)	paralajmërim (m)	[paralajmərím]
prevenir (vt)	paralajmëroj	[paralajmərój]

64. La discusión y la conversación. Unidad 3

convencer (vt)	bind	[bínd]
calmar (vt)	qetësoj	[cɛtəsój]
silencio (m) (~ es oro)	heshtje (f)	[héʃtjɛ]
callarse (vr)	i heshtur	[i héʃtur]
susurrar (vi, vt)	pëshpëris	[pəʃpərís]
susurro (m)	pëshpërimë (f)	[pəʃpərímə]
francamente (adv)	sinqerisht	[sínɛriʃt]
en mi opinión ...	sipas mendimit tim ...	[sipás mɛndímit tim ...]
detalle (m) (de la historia)	detaj (m)	[dɛtáj]
detallado (adj)	i detajuar	[i dɛtajúar]
detalladamente (adv)	hollësisht	[hoɫəsíʃt]
pista (f)	sugjerim (m)	[suɟɛrím]
dar una pista	aludoj	[aludój]
mirada (f)	shikim (m)	[ʃikím]
echar una mirada	i hedh një sy	[i héð ɲə sý]
fija (mirada ~)	i ngurtë	[i ŋúrtə]
parpadear (vi)	hap e mbyll sytë	[hap ɛ mbýɫ sýtə]
guiñar un ojo	luaj syrin	[lúaj sýrin]
asentir con la cabeza	pohoj me kokë	[pohój mɛ kókə]
suspiro (m)	psherëtimë (f)	[pʃɛrətímə]
suspirar (vi)	psherëtij	[pʃɛrətíj]
estremecerse (vr)	rrëqethem	[rəcéθɛm]
gesto (m)	gjest (m)	[ɟɛst]
tocar (con la mano)	prek	[prɛk]
asir (~ de la mano)	kap	[kap]
palmear (~ la espalda)	prek	[prɛk]
¡Cuidado!	Kujdes!	[kujdés!]
¿De veras?	Vërtet?	[vərtét?]
¿Estás seguro?	Je i sigurt?	[jɛ i sígurt?]
¡Suerte!	Paç fat!	[patʃ fat!]
¡Ya veo!	E kuptova!	[ɛ kuptóva!]
¡Es una lástima!	Sa keq!	[sa kɛc!]

65. El acuerdo. El rechazo

acuerdo (m)	leje (f)	[léjɛ]
estar de acuerdo	lejoj	[lɛjój]
aprobación (f)	miratim (m)	[miratím]
aprobar (vt)	miratoj	[miratój]
rechazo (m)	refuzim (m)	[rɛfuzím]

negarse (vr)	refuzoj	[rɛfuzój]
¡Excelente!	Të lumtë!	[tə lúmtə!]
¡De acuerdo!	Në rregull!	[nə réguɬ!]
¡Vale!	Në rregull!	[nə réguɬ!]

prohibido (adj)	i ndaluar	[i ndalúar]
está prohibido	është e ndalúar	[ə́ʃtə ɛ ndalúar]
es imposible	është e pamundur	[ə́ʃtə ɛ pámundur]
incorrecto (adj)	i pasaktë	[i pasáktə]

rechazar (vt)	hedh poshtë	[hɛð pɔ́ʃtə]
apoyar (la decisión)	mbështes	[mbəʃtés]
aceptar (vt)	pranoj	[pranój]

confirmar (vt)	konfirmoj	[konfiɾmój]
confirmación (f)	konfirmim (m)	[konfirmím]
permiso (m)	leje (f)	[léjɛ]
permitir (vt)	lejoj	[lɛjój]
decisión (f)	vendim (m)	[vɛndím]
no decir nada	nuk them asgjë	[nuk θɛm ásʝə]

condición (f)	kusht (m)	[kuʃt]
excusa (f) (pretexto)	justifikim (m)	[justifikím]
elogio (m)	lëvdata (f)	[ləvdáta]
elogiar (vt)	lavdëroj	[lavdərój]

66. El éxito. La buena suerte. El Fracaso

éxito (m)	sukses (m)	[suksés]
con éxito (adv)	me sukses	[mɛ suksés]
exitoso (adj)	i suksesshëm	[i suksésʃəm]

suerte (f)	fat (m)	[fat]
¡Suerte!	Paç fat!	[patʃ fat!]
de suerte (día ~)	me fat	[mɛ fat]
afortunado (adj)	fatlum	[fatlúm]

fiasco (m)	dështim (m)	[dəʃtím]
infortunio (m)	fatkeqësi (f)	[fatkɛcəsí]
mala suerte (f)	ters (m)	[tɛrs]

| fracasado (adj) | i pasuksesshëm | [i pasuksésʃəm] |
| catástrofe (f) | katastrofë (f) | [katastrófə] |

orgullo (m)	krenari (f)	[krɛnarí]
orgulloso (adj)	krenar	[krɛnáɾ]
estar orgulloso	jam krenar	[jam krɛnáɾ]

ganador (m)	fitues (m)	[fitúɛs]
ganar (vi)	fitoj	[fitój]
perder (vi)	humb	[húmb]
tentativa (f)	përpjekje (f)	[pərpjékjɛ]
intentar (tratar)	përpiqem	[pərpícɛm]
chance (f)	shans (m)	[ʃans]

67. Las discusiones. Las emociones negativas

grito (m)	britmë (f)	[brítmə]
gritar (vi)	bërtas	[bərtás]
comenzar a gritar	filloj të ulërij	[fiɫój tə uləríj]
disputa (f), riña (f)	grindje (f)	[gríndjɛ]
reñir (vi)	grindem	[gríndɛm]
escándalo (m) (riña)	sherr (m)	[ʃɛr]
causar escándalo	bëj skenë	[bəj skénə]
conflicto (m)	konflikt (m)	[konflíkt]
malentendido (m)	keqkuptim (m)	[kɛckuptím]
insulto (m)	ofendim (m)	[ofɛndím]
insultar (vt)	fyej	[fýɛj]
insultado (adj)	i ofenduar	[i ofɛndúar]
ofensa (f)	fyerje (f)	[fýɛrjɛ]
ofender (vt)	ofendoj	[ofɛndój]
ofenderse (vr)	mbrohem	[mbróhɛm]
indignación (f)	indinjatë (f)	[indiɲátə]
indignarse (vr)	zemërohem	[zɛməróhɛm]
queja (f)	ankesë (f)	[ankésə]
quejarse (vr)	ankohem	[ankóhɛm]
disculpa (f)	falje (f)	[fáljɛ]
disculparse (vr)	kërkoj falje	[kərkój fáljɛ]
pedir perdón	kërkoj ndjesë	[kərkój ndjésə]
crítica (f)	kritikë (f)	[kritíkə]
criticar (vt)	kritikoj	[kritikój]
acusación (f)	akuzë (f)	[akúzə]
acusar (vt)	akuzoj	[akuzój]
venganza (f)	hakmarrje (f)	[hakmárjɛ]
vengar (vt)	hakmerrem	[hakmérɛm]
pagar (vt)	shpaguaj	[ʃpagúaj]
desprecio (m)	përbuzje (f)	[pərbúzjɛ]
despreciar (vt)	përbuz	[pərbúz]
odio (m)	urrejtje (f)	[uréjtjɛ]
odiar (vt)	urrej	[uréj]
nervioso (adj)	nervoz	[nɛrvóz]
estar nervioso	nervozohem	[nɛrvozóhɛm]
enfadado (adj)	i zemëruar	[i zɛmərúar]
enfadar (vt)	zemëroj	[zɛmərój]
humillación (f)	poshtërim (m)	[poʃtərím]
humillar (vt)	poshtëroj	[poʃtərój]
humillarse (vr)	poshtërohem	[poʃtəróhɛm]
choque (m)	tronditje (f)	[trondítjɛ]
chocar (vi)	trondit	[trondít]
molestia (f) (problema)	shqetësim (m)	[ʃcɛtəsím]

desagradable (adj)	i pakëndshëm	[i pakəndʃəm]
miedo (m)	frikë (f)	[fríkə]
terrible (tormenta, etc.)	i tmerrshëm	[i tmérʃəm]
de miedo (historia ~)	i frikshëm	[i fríkʃəm]
horror (m)	horror (m)	[horór]
horrible (adj)	i tmerrshëm	[i tmérʃəm]
empezar a temblar	filloj të dridhem	[fiłój tə dríðɛm]
llorar (vi)	qaj	[caj]
comenzar a llorar	filloj të qaj	[fiłój tə cáj]
lágrima (f)	lot (m)	[lot]
culpa (f)	faj (m)	[faj]
remordimiento (m)	faj (m)	[faj]
deshonra (f)	turp (m)	[turp]
protesta (f)	protestë (f)	[protéstə]
estrés (m)	stres (m)	[strɛs]
molestar (vt)	shqetësoj	[ʃcɛtəsój]
estar furioso	tërbohem	[tərbóhɛm]
enfadado (adj)	i inatosur	[i inatósur]
terminar (vt)	përfundoj	[pərfundój]
regañar (vt)	betohem	[bɛtóhɛm]
asustarse (vr)	tremb	[trɛmb]
golpear (vt)	qëlloj	[cəłój]
pelear (vi)	grindem	[gríndɛm]
resolver (~ la discusión)	zgjidh	[zɟið]
descontento (adj)	i pakënaqur	[i pakənácur]
furioso (adj)	i xhindosur	[i dʒindósur]
¡No está bien!	Nuk është mirë!	[nuk éʃtə mírə!]
¡Está mal!	Është keq!	[éʃtə kɛc!]

La medicina

68. Las enfermedades

enfermedad (f)	sëmundje (f)	[səmúndjɛ]
estar enfermo	jam sëmurë	[jam səmúrə]
salud (f)	shëndet (m)	[ʃəndét]
resfriado (m) (coriza)	rrifë (f)	[rífə]
angina (f)	grykët (m)	[grýkət]
resfriado (m)	ftohje (f)	[ftóhjɛ]
resfriarse (vr)	ftohem	[ftóhɛm]
bronquitis (f)	bronkit (m)	[bronkít]
pulmonía (f)	pneumoni (f)	[pnɛumoní]
gripe (f)	grip (m)	[grip]
miope (adj)	miop	[mióp]
présbita (adj)	presbit	[prɛsbít]
estrabismo (m)	strabizëm (m)	[strabízəm]
estrábico (m) (adj)	strabik	[strabík]
catarata (f)	katarakt (m)	[katarákt]
glaucoma (f)	glaukoma (f)	[glaukóma]
insulto (m)	goditje (f)	[godítjɛ]
ataque (m) cardiaco	sulm në zemër (m)	[sulm nə zémər]
infarto (m) de miocardio	infarkt miokardiak (m)	[infárkt miokardiák]
parálisis (f)	paralizë (f)	[paralízə]
paralizar (vt)	paralizoj	[paralizój]
alergia (f)	alergji (f)	[alɛɾɟí]
asma (f)	astmë (f)	[ástmə]
diabetes (m)	diabet (m)	[diabét]
dolor (m) de muelas	dhimbje dhëmbi (f)	[ðímbjɛ ðə́mbi]
caries (f)	karies (m)	[kariés]
diarrea (f)	diarre (f)	[diaré]
estreñimiento (m)	kapsllëk (m)	[kapsɫə́k]
molestia (f) estomacal	dispepsi (f)	[dispɛpsí]
envenenamiento (m)	helmim (m)	[hɛlmím]
envenenarse (vr)	helmohem nga ushqimi	[hɛlmóhɛm ŋa uʃcími]
artritis (f)	artrit (m)	[artrít]
raquitismo (m)	rakit (m)	[rakít]
reumatismo (m)	reumatizëm (m)	[rɛumatízəm]
ateroesclerosis (f)	arteriosklerozë (f)	[artɛriosklɛrózə]
gastritis (f)	gastrit (m)	[gastrít]
apendicitis (f)	apendicit (m)	[apɛnditsít]

| colecistitis (m) | kolecistit (m) | [kolɛtsistít] |
| úlcera (f) | ulcerë (f) | [ultsérə] |

sarampión (m)	fruth (m)	[fruθ]
rubeola (f)	rubeola (f)	[rubɛóla]
ictericia (f)	verdhëza (f)	[vérðəza]
hepatitis (f)	hepatit (m)	[hɛpatít]

esquizofrenia (f)	skizofreni (f)	[skizofrɛní]
rabia (f) (hidrofobia)	sëmundje e tërbimit (f)	[səmúndjɛ ɛ tərbímit]
neurosis (f)	neurozë (f)	[nɛurózə]
conmoción (m) cerebral	tronditje (f)	[trondítjɛ]

cáncer (m)	kancer (m)	[kantsér]
esclerosis (f)	sklerozë (f)	[sklɛrózə]
esclerosis (m) múltiple	sklerozë e shumëfishtë (f)	[sklɛrózə ɛ ʃuməfíʃtə]

alcoholismo (m)	alkoolizëm (m)	[alkoolízəm]
alcohólico (m)	alkoolik (m)	[alkoolík]
sífilis (f)	sifiliz (m)	[sifilíz]
SIDA (f)	SIDA (f)	[sída]

tumor (m)	tumor (m)	[tumór]
maligno (adj)	malinj	[malíɲ]
benigno (adj)	beninj	[bɛníɲ]

fiebre (f)	ethe (f)	[éθɛ]
malaria (f)	malarie (f)	[malaríɛ]
gangrena (f)	gangrenë (f)	[gaɲrénə]
mareo (m)	sëmundje deti (f)	[səmúndjɛ déti]
epilepsia (f)	epilepsi (f)	[ɛpilɛpsí]

epidemia (f)	epidemi (f)	[ɛpidɛmí]
tifus (m)	tifo (f)	[tífo]
tuberculosis (f)	tuberkuloz (f)	[tubɛrkulóz]
cólera (f)	kolerë (f)	[kolérə]
peste (f)	murtaja (f)	[murtája]

69. Los síntomas. Los tratamientos. Unidad 1

síntoma (m)	simptomë (f)	[simptómə]
temperatura (f)	temperaturë (f)	[tɛmpɛratúrə]
fiebre (f)	temperaturë e lartë (f)	[tɛmpɛratúrə ɛ lártə]
pulso (m)	puls (m)	[puls]

mareo (m) (vértigo)	marrje mendsh (m)	[márjɛ méndʃ]
caliente (adj)	i nxehtë	[i ndzéhtə]
escalofrío (m)	drithërima (f)	[driθəríma]
pálido (adj)	i zbehur	[i zbéhur]

tos (f)	kollë (f)	[kółə]
toser (vi)	kollitem	[kołítɛm]
estornudar (vi)	teshtij	[tɛʃtíj]
desmayo (m)	të fikët (f)	[tə fíkət]

desmayarse (vr)	bie të fikët	[bíɛ tə fíkət]
moradura (f)	mavijosje (f)	[mavijósjɛ]
chichón (m)	gungë (f)	[gúŋə]
golpearse (vr)	godas	[godás]
magulladura (f)	lëndim (m)	[ləndím]
magullarse (vr)	lëndohem	[ləndóhɛm]

cojear (vi)	çaloj	[tʃalój]
dislocación (f)	dislokim (m)	[dislokím]
dislocar (vt)	del nga vendi	[dɛl ŋa véndi]
fractura (f)	thyerje (f)	[θýɛrjɛ]
tener una fractura	thyej	[θýɛj]

corte (m) (tajo)	e prerë (f)	[ɛ prérə]
cortarse (vr)	pres veten	[prɛs vétɛn]
hemorragia (f)	rrjedhje gjaku (f)	[rjéðjɛ ɟáku]

quemadura (f)	djegie (f)	[djégiɛ]
quemarse (vr)	digjem	[díɟɛm]

pincharse (el dedo)	shpoj	[ʃpoj]
pincharse (vr)	shpohem	[ʃpóhɛm]
herir (vt)	dëmtoj	[dəmtój]
herida (f)	dëmtim (m)	[dəmtím]
lesión (f) (herida)	plagë (f)	[plágə]
trauma (m)	traumë (f)	[traúmə]

delirar (vi)	fol përçart	[fól pərtʃárt]
tartamudear (vi)	belbëzoj	[bɛlbəzój]
insolación (f)	pikë e diellit (f)	[píkə ɛ diétit]

70. Los síntomas. Los tratamientos. Unidad 2

dolor (m)	dhimbje (f)	[ðímbjɛ]
astilla (f)	cifël (f)	[tsífəl]

sudor (m)	djersë (f)	[djérsə]
sudar (vi)	djersij	[djɛrsíj]
vómito (m)	të vjella (f)	[tə vjéɫa]
convulsiones (f)	konvulsione (f)	[konvulsiónɛ]

embarazada (adj)	shtatzënë	[ʃtatzénə]
nacer (vi)	lind	[lind]
parto (m)	lindje (f)	[líndjɛ]
dar a luz	sjell në jetë	[sjɛɫ nə jétə]
aborto (m)	abort (m)	[abórt]

respiración (f)	frymëmarrje (f)	[fryməmárjɛ]
inspiración (f)	mbajtje e frymës (f)	[mbájtjɛ ɛ frýməs]
espiración (f)	lëshim i frymës (m)	[ləʃím i frýməs]
espirar (vi)	nxjerr frymën	[ndzjér frýmən]
inspirar (vi)	marr frymë	[mar frýmə]
inválido (m)	invalid (m)	[invalíd]
mutilado (m)	i gjymtuar (m)	[i ɟymtúar]

drogadicto (m)	narkoman (m)	[narkomán]
sordo (adj)	shurdh	[ʃurð]
mudo (adj)	memec	[mɛméts]
sordomudo (adj)	shurdh-memec	[ʃurð-mɛméts]

loco (adj)	i marrë	[i márə]
loco (m)	i çmendur (m)	[i tʃméndur]
loca (f)	e çmendur (f)	[ɛ tʃméndur]
volverse loco	çmendem	[tʃméndɛm]

gen (m)	gen (m)	[gɛn]
inmunidad (f)	imunitet (m)	[imunitét]
hereditario (adj)	e trashëguar	[ɛ traʃəgúar]
de nacimiento (adj)	e lindur	[ɛ líndur]

virus (m)	virus (m)	[virús]
microbio (m)	mikrob (m)	[mikrób]
bacteria (f)	bakterie (f)	[baktériɛ]
infección (f)	infeksion (m)	[infɛksión]

71. Los síntomas. Los tratamientos. Unidad 3

hospital (m)	spital (m)	[spitál]
paciente (m)	pacient (m)	[patsiént]

diagnosis (f)	diagnozë (f)	[diagnózə]
cura (f)	kurë (f)	[kúrə]
tratamiento (m)	trajtim mjekësor (m)	[trajtím mjɛkəsór]
curarse (vr)	kurohem	[kuróhɛm]
tratar (vt)	kuroj	[kurój]
cuidar (a un enfermo)	kujdesem	[kujdésɛm]
cuidados (m pl)	kujdes (m)	[kujdés]

operación (f)	operacion (m)	[opɛratsión]
vendar (vt)	fashoj	[faʃój]
vendaje (m)	fashim (m)	[faʃím]

vacunación (f)	vaksinim (m)	[vaksiním]
vacunar (vt)	vaksinoj	[vaksinój]
inyección (f)	injeksion (m)	[iɲɛksión]
aplicar una inyección	bëj injeksion	[bəj iɲɛksíon]

ataque (m)	atak (m)	[aták]
amputación (f)	amputim (m)	[amputím]
amputar (vt)	amputoj	[amputój]
coma (m)	komë (f)	[kómə]
estar en coma	jam në komë	[jam nə kómə]
revitalización (f)	kujdes intensiv (m)	[kujdés intɛnsív]

recuperarse (vr)	shërohem	[ʃəróhɛm]
estado (m) (de salud)	gjendje (f)	[ɟéndjɛ]
consciencia (f)	vetëdije (f)	[vɛtədíjɛ]
memoria (f)	kujtesë (f)	[kujtésə]
extraer (un diente)	heq	[hɛc]

| empaste (m) | mbushje (f) | [mbúʃʃɛ] |
| empastar (vt) | mbush | [mbúʃ] |

| hipnosis (f) | hipnozë (f) | [hipnózə] |
| hipnotizar (vt) | hipnotizim | [hipnotizím] |

72. Los médicos

médico (m)	mjek (m)	[mjék]
enfermera (f)	infermiere (f)	[infɛrmiérɛ]
médico (m) personal	mjek personal (m)	[mjék pɛrsonál]

dentista (m)	dentist (m)	[dɛntíst]
oftalmólogo (m)	okulist (m)	[okulíst]
internista (m)	mjek i përgjithshëm (m)	[mjék i pərɟíθʃəm]
cirujano (m)	kirurg (m)	[kirúrg]

psiquiatra (m)	psikiatër (m)	[psikiátər]
pediatra (m)	pediatër (m)	[pɛdiátər]
psicólogo (m)	psikolog (m)	[psikológ]
ginecólogo (m)	gjinekolog (m)	[ɟinɛkológ]
cardiólogo (m)	kardiolog (m)	[kardiológ]

73. La medicina. Las drogas. Los accesorios

medicamento (m), droga (f)	ilaç (m)	[ilátʃ]
remedio (m)	mjekim (m)	[mjɛkím]
prescribir (vt)	shkruaj recetë	[ʃkrúaj rɛtsétə]
receta (f)	recetë (f)	[rɛtsétə]

tableta (f)	pilulë (f)	[pilúlə]
ungüento (m)	krem (m)	[krɛm]
ampolla (f)	ampulë (f)	[ampúlə]
mixtura (f), mezcla (f)	përzierje (f)	[pərzíɛrjɛ]
sirope (m)	shurup (m)	[ʃurúp]
píldora (f)	pilulë (f)	[pilúlə]
polvo (m)	pudër (f)	[púdər]

venda (f)	fashë garze (f)	[faʃə gárzɛ]
algodón (m) (discos de ~)	pambuk (m)	[pambúk]
yodo (m)	jod (m)	[jod]

tirita (f), curita (f)	leukoplast (m)	[lɛukoplást]
pipeta (f)	pikatore (f)	[pikatórɛ]
termómetro (m)	termometër (m)	[tɛrmométər]
jeringa (f)	shiringë (f)	[ʃíríŋə]

| silla (f) de ruedas | karrocë me rrota (f) | [karótsə mɛ róta] |
| muletas (f pl) | paterica (f) | [patɛrítsa] |

| anestésico (m) | qetësues (m) | [cɛtəsúɛs] |
| purgante (m) | laksativ (m) | [laksatív] |

alcohol (m)	**alkool dezinfektues** (m)	[alkoól dɛzinfɛktúɛs]
hierba (f) medicinal	**bimë mjekësore** (f)	[bímə mjɛkəsórɛ]
de hierbas (té ~)	**çaj bimor**	[tʃáj bimór]

74. El fumar. Los productos del tabaco

tabaco (m)	**duhan** (m)	[duhán]
cigarrillo (m)	**cigare** (f)	[tsigárɛ]
cigarro (m)	**puro** (f)	[púro]
pipa (f)	**llullë** (f)	[ɫúɫə]
paquete (m)	**pako cigaresh** (m)	[páko tsigárɛʃ]

cerillas (f pl)	**shkrepëse** (pl)	[ʃkrépəsɛ]
caja (f) de cerillas	**kuti shkrepësesh** (f)	[kutí ʃkrépəsɛʃ]
encendedor (m)	**çakmak** (m)	[tʃakmák]
cenicero (m)	**taketuke** (f)	[takɛtúkɛ]
pitillera (f)	**kuti cigaresh** (f)	[kutí tsigárɛʃ]

boquilla (f)	**cigarishte** (f)	[tsigaríʃtɛ]
filtro (m)	**filtër** (m)	[fíltər]

fumar (vi, vt)	**pi duhan**	[pi duhán]
encender un cigarrillo	**ndez një cigare**	[ndɛz ɲə tsigárɛ]
tabaquismo (m)	**pirja e duhanit** (f)	[pírja ɛ duhánit]
fumador (m)	**duhanpirës** (m)	[duhanpírəs]

colilla (f)	**bishti i cigares** (m)	[bíʃti i tsigárɛs]
humo (m)	**tym** (m)	[tym]
ceniza (f)	**hi** (m)	[hi]

EL AMBIENTE HUMANO

La ciudad

75. La ciudad. La vida en la ciudad

ciudad (f)	qytet (m)	[cytét]
capital (f)	kryeqytet (m)	[kryɛcytét]
aldea (f)	fshat (m)	[ffát]
plano (m) de la ciudad	hartë e qytetit (f)	[hártə ɛ cytétit]
centro (m) de la ciudad	qendër e qytetit (f)	[céndər ɛ cytétit]
suburbio (m)	periferi (f)	[pɛrifɛrí]
suburbano (adj)	periferik	[pɛrifɛrík]
arrabal (m)	periferia (f)	[pɛrifɛría]
afueras (f pl)	periferia (f)	[pɛrifɛría]
barrio (m)	bllok pallatesh (m)	[bɫók paɫátɛʃ]
zona (f) de viviendas	bllok banimi (m)	[bɫók baními]
tráfico (m)	trafik (m)	[trafík]
semáforo (m)	semafor (m)	[sɛmafór]
transporte (m) urbano	transport publik (m)	[transpórt publík]
cruce (m)	kryqëzim (m)	[krycəzím]
paso (m) de peatones	kalim për këmbësorë (m)	[kalím pər kəmbəsórə]
paso (m) subterráneo	nënkalim për këmbësorë (m)	[nənkalím pər kəmbəsórə]
cruzar (vt)	kapërcej	[kapərtséj]
peatón (m)	këmbësor (m)	[kəmbəsór]
acera (f)	trotuar (m)	[trotuár]
puente (m)	urë (f)	[úrə]
muelle (m)	breg lumi (m)	[brɛg lúmi]
fuente (f)	shatërvan (m)	[ʃatərván]
alameda (f)	rrugëz (m)	[rúgəz]
parque (m)	park (m)	[park]
bulevar (m)	bulevard (m)	[bulɛvárd]
plaza (f)	shesh (m)	[ʃɛʃ]
avenida (f)	bulevard (m)	[bulɛvárd]
calle (f)	rrugë (f)	[rúgə]
callejón (m)	rrugë dytësore (f)	[rúgə dytəsórɛ]
callejón (m) sin salida	rrugë pa krye (f)	[rúgə pa krýɛ]
casa (f)	shtëpi (f)	[ʃtəpí]
edificio (m)	ndërtesë (f)	[ndərtésə]
rascacielos (m)	qiellgërvishtës (m)	[ciɛɫgərvíʃtəs]
fachada (f)	fasadë (f)	[fasádə]
techo (m)	çati (f)	[tʃatí]

ventana (f)	dritare (f)	[dritárɛ]
arco (m)	hark (m)	[hárk]
columna (f)	kolonë (f)	[kolónə]
esquina (f)	kënd (m)	[kə́nd]

escaparate (f)	vitrinë (f)	[vitrínə]
letrero (m) (~ luminoso)	tabelë (f)	[tabélə]
cartel (m)	poster (m)	[postér]
cartel (m) publicitario	afishe reklamuese (f)	[afíʃɛ rɛklamúɛsɛ]
valla (f) publicitaria	tabelë reklamash (f)	[tabélə rɛklámaʃ]

basura (f)	plehra (f)	[pléhra]
cajón (m) de basura	kosh plehrash (m)	[koʃ pléhraʃ]
tirar basura	hedh mbeturina	[hɛð mbɛturína]
basurero (m)	deponi plehrash (f)	[dɛponí pléhraʃ]

cabina (f) telefónica	kabinë telefonike (f)	[kabínə tɛlɛfoníkɛ]
farola (f)	shtyllë dritash (f)	[ʃtýłə drítaʃ]
banco (m) (del parque)	stol (m)	[stol]

policía (m)	polic (m)	[políts]
policía (f) (~ nacional)	polici (f)	[politsí]
mendigo (m)	lypës (m)	[lýpəs]
persona (f) sin hogar	i pastrehë (m)	[i pastréhə]

76. Las instituciones urbanas

tienda (f)	dyqan (m)	[dycán]
farmacia (f)	farmaci (f)	[farmatsí]
óptica (f)	optikë (f)	[optíkə]
centro (m) comercial	qendër tregtare (f)	[céndər trɛgtárɛ]
supermercado (m)	supermarket (m)	[supɛrmarkét]

panadería (f)	furrë (f)	[fúrə]
panadero (m)	furrtar (m)	[furtár]
pastelería (f)	pastiçeri (f)	[pastitʃɛrí]
tienda (f) de comestibles	dyqan ushqimor (m)	[dycán uʃcimór]
carnicería (f)	dyqan mishi (m)	[dycán míʃi]

verdulería (f)	dyqan fruta-perimesh (m)	[dycán frúta-perímɛʃ]
mercado (m)	treg (m)	[trɛg]

cafetería (f)	kafene (f)	[kafɛné]
restaurante (m)	restorant (m)	[rɛstoránt]
cervecería (f)	pab (m), pijetore (f)	[pab], [pijɛtórɛ]
pizzería (f)	piceri (f)	[pitsɛrí]

peluquería (f)	parukeri (f)	[parukɛrí]
oficina (f) de correos	zyrë postare (f)	[zýrə postárɛ]
tintorería (f)	pastrim kimik (m)	[pastrím kimík]
estudio (m) fotográfico	studio fotografike (f)	[stúdio fotografíkɛ]

zapatería (f)	dyqan këpucësh (m)	[dycán kəpútsəʃ]
librería (f)	librari (f)	[librarí]

tienda (f) deportiva	dyqan me mallra sportivë (m)	[dycán mɛ máłra sportívə]
arreglos (m pl) de ropa	rrobaqepësi (f)	[robacɛpəsí]
alquiler (m) de ropa	dyqan veshjesh me qira (m)	[dycán véʃjɛʃ mɛ cirá]
videoclub (m)	dyqan videosh me qira (m)	[dycán vídɛoʃ mɛ cirá]

circo (m)	cirk (m)	[tsírk]
zoo (m)	kopsht zoologjik (m)	[kópʃt zoolojík]
cine (m)	kinema (f)	[kinɛmá]
museo (m)	muze (m)	[muzé]
biblioteca (f)	bibliotekë (f)	[bibliotékə]

teatro (m)	teatër (m)	[tɛátər]
ópera (f)	opera (f)	[opéra]
club (m) nocturno	klub nate (m)	[klúb nátɛ]
casino (m)	kazino (f)	[kazíno]

mezquita (f)	xhami (f)	[dʒamí]
sinagoga (f)	sinagogë (f)	[sinagógə]
catedral (f)	katedrale (f)	[katɛdrálɛ]
templo (m)	tempull (m)	[témpuł]
iglesia (f)	kishë (f)	[kíʃə]

instituto (m)	kolegj (m)	[koléɟ]
universidad (f)	universitet (m)	[univɛrsitét]
escuela (f)	shkollë (f)	[ʃkółə]

prefectura (f)	prefekturë (f)	[prɛfɛktúrə]
alcaldía (f)	bashki (f)	[baʃkí]
hotel (m)	hotel (m)	[hotél]
banco (m)	bankë (f)	[bánkə]

embajada (f)	ambasadë (f)	[ambasádə]
agencia (f) de viajes	agjenci udhëtimesh (f)	[aɟɛntsí uðətímɛʃ]
oficina (f) de información	zyrë informacioni (f)	[zýrə informatsióni]
oficina (f) de cambio	këmbim valutor (m)	[kəmbím valutór]

| metro (m) | metro (f) | [mɛtró] |
| hospital (m) | spital (m) | [spitál] |

| gasolinera (f) | pikë karburanti (f) | [píkə karburánti] |
| aparcamiento (m) | parking (m) | [parkíŋ] |

77. El transporte urbano

autobús (m)	autobus (m)	[autobús]
tranvía (m)	tramvaj (m)	[tramvái]
trolebús (m)	autobus tramvaj (m)	[autobús tramvái]
itinerario (m)	itinerar (m)	[itinɛrár]
número (m)	numër (m)	[númər]

ir en ...	udhëtoj me ...	[uðətój mɛ ...]
tomar (~ el autobús)	hip	[hip]
bajar (~ del tren)	zbres ...	[zbrɛs ...]

parada (f)	stacion (m)	[statsión]
próxima parada (f)	stacioni tjetër (m)	[statsióni tjétər]
parada (f) final	terminal (m)	[tɛrminál]
horario (m)	orar (m)	[orár]
esperar (aguardar)	pres	[prɛs]

billete (m)	biletë (f)	[bilétə]
precio (m) del billete	çmim bilete (m)	[tʃmím bilétɛ]

cajero (m)	shitës biletash (m)	[ʃítəs bilétaʃ]
control (m) de billetes	kontroll biletash (m)	[kontrół bilétaʃ]
cobrador (m)	kontrollues biletash (m)	[kontrołúɛs bilétaʃ]

llegar tarde (vi)	vonohem	[vonóhɛm]
perder (~ el tren)	humbas	[humbás]
tener prisa	nxitoj	[ndzitój]

taxi (m)	taksi (m)	[táksi]
taxista (m)	shofer taksie (m)	[ʃofér taksíɛ]
en taxi	me taksi	[mɛ táksi]
parada (f) de taxi	stacion taksish (m)	[statsión táksiʃ]
llamar un taxi	thërras taksi	[θərás táksi]
tomar un taxi	marr taksi	[mar táksi]

tráfico (m)	trafik (m)	[trafík]
atasco (m)	bllokim trafiku (m)	[błokím trafíku]
horas (f pl) de punta	orë e trafikut të rëndë (f)	[órə ɛ trafíkut tə rəndə]
aparcar (vi)	parkoj	[parkój]
aparcar (vt)	parkim	[parkím]
aparcamiento (m)	parking (m)	[parkíŋ]

metro (m)	metro (f)	[mɛtró]
estación (f)	stacion (m)	[statsión]
ir en el metro	shkoj me metro	[ʃkoj mɛ métro]
tren (m)	tren (m)	[trɛn]
estación (f)	stacion treni (m)	[statsión tréni]

78. La exploración del paisaje

monumento (m)	monument (m)	[monumént]
fortaleza (f)	kala (f)	[kalá]
palacio (m)	pallat (m)	[pałát]
castillo (m)	kështjellë (f)	[kəʃtjétə]
torre (f)	kullë (f)	[kútə]
mausoleo (m)	mauzoleum (m)	[mauzolɛúm]

arquitectura (f)	arkitekturë (f)	[arkitɛktúrə]
medieval (adj)	mesjetare	[mɛsjɛtárɛ]
antiguo (adj)	e lashtë	[ɛ láʃtə]
nacional (adj)	kombëtare	[kombətárɛ]
conocido (adj)	i famshëm	[i fámʃəm]

turista (m)	turist (m)	[turíst]
guía (m) (persona)	udhërrëfyes (m)	[uðərəfýɛs]

excursión (f)	ekskursion (m)	[ɛkskursión]
mostrar (vt)	tregoj	[trɛgój]
contar (una historia)	dëftoj	[dəftój]

encontrar (hallar)	gjej	[ɟéj]
perderse (vr)	humbas	[humbás]
plano (m) (~ de metro)	hartë (f)	[hártə]
mapa (m) (~ de la ciudad)	hartë (f)	[hártə]

recuerdo (m)	suvenir (m)	[suvɛnír]
tienda (f) de regalos	dyqan dhuratash (m)	[dycán ðurátaʃ]
hacer fotos	bëj foto	[bəj fóto]
fotografiarse (vr)	bëj fotografi	[bəj fotografí]

79. Las compras

comprar (vt)	blej	[blɛj]
compra (f)	blerje (f)	[blérjɛ]
hacer compras	shkoj për pazar	[ʃkoj pər pazár]
compras (f pl)	pazar (m)	[pazár]

| estar abierto (tienda) | hapur | [hápur] |
| estar cerrado | mbyllur | [mbýɫur] |

calzado (m)	këpucë (f)	[kəpútsə]
ropa (f), vestido (m)	veshje (f)	[véʃjɛ]
cosméticos (m pl)	kozmetikë (f)	[kozmɛtíkə]
productos alimenticios	mallra ushqimore (f)	[máɫra uʃcimórɛ]
regalo (m)	dhuratë (f)	[ðurátə]

| vendedor (m) | shitës (m) | [ʃítəs] |
| vendedora (f) | shitëse (f) | [ʃítəsɛ] |

caja (f)	arkë (f)	[árkə]
espejo (m)	pasqyrë (f)	[pascýrə]
mostrador (m)	banak (m)	[bának]
probador (m)	dhomë prove (f)	[ðómə próvɛ]

probar (un vestido)	provoj	[provój]
quedar (una ropa, etc.)	më rri mirë	[mə ri mírə]
gustar (vi)	pëlqej	[pəlcéj]

precio (m)	çmim (m)	[tʃmím]
etiqueta (f) de precio	etiketa e çmimit (f)	[ɛtikéta ɛ tʃmímit]
costar (vt)	kushton	[kuʃtón]
¿Cuánto?	Sa?	[sa?]
descuento (m)	ulje (f)	[úljɛ]

no costoso (adj)	jo e shtrenjtë	[jo ɛ ʃtréɲtə]
barato (adj)	e lirë	[ɛ lírə]
caro (adj)	i shtrenjtë	[i ʃtréɲtə]
Es caro	Është e shtrenjtë	[əʃtə ɛ ʃtréɲtə]
alquiler (m)	qiramarrje (f)	[ciramárjɛ]
alquilar (vt)	marr me qira	[mar mɛ cirá]

| crédito (m) | kredit (m) | [krɛdít] |
| a crédito (adv) | me kredi | [mɛ krɛdí] |

80. El dinero

dinero (m)	para (f)	[pará]
cambio (m)	këmbim valutor (m)	[kəmbím valutór]
curso (m)	kurs këmbimi (m)	[kurs kəmbími]
cajero (m) automático	bankomat (m)	[bankomát]
moneda (f)	monedhë (f)	[monéðə]

| dólar (m) | dollar (m) | [doɫár] |
| euro (m) | euro (f) | [éuro] |

lira (f)	lirë (f)	[lírə]
marco (m) alemán	Marka gjermane (f)	[márka ɟɛrmánɛ]
franco (m)	franga (f)	[fráŋa]
libra esterlina (f)	sterlina angleze (f)	[stɛrlína aŋlézɛ]
yen (m)	jen (m)	[jén]

deuda (f)	borxh (m)	[bórdʒ]
deudor (m)	debitor (m)	[dɛbitór]
prestar (vt)	jap hua	[jap huá]
tomar prestado	marr hua	[mar huá]

banco (m)	bankë (f)	[bánkə]
cuenta (f)	llogari (f)	[ɫogarí]
ingresar (~ en la cuenta)	depozitoj	[dɛpozitój]
ingresar en la cuenta	depozitoj në llogari	[dɛpozitój nə ɫogarí]
sacar de la cuenta	tërheq	[tərhéc]

tarjeta (f) de crédito	kartë krediti (f)	[kártə krɛdíti]
dinero (m) en efectivo	kesh (m)	[kɛʃ]
cheque (m)	çek (m)	[tʃék]
sacar un cheque	lëshoj një çek	[ləʃój ɲə tʃék]
talonario (m)	bllok çeqesh (m)	[bɫók tʃécɛʃ]

cartera (f)	portofol (m)	[portofól]
monedero (m)	kuletë (f)	[kulétə]
caja (f) fuerte	kasafortë (f)	[kasafórtə]

heredero (m)	trashëgimtar (m)	[traʃəgimtár]
herencia (f)	trashëgimi (f)	[traʃəgimí]
fortuna (f)	pasuri (f)	[pasurí]

arriendo (m)	qira (f)	[cirá]
alquiler (m) (dinero)	qiraja (f)	[cirája]
alquilar (~ una casa)	marr me qira	[mar mɛ cirá]

precio (m)	çmim (m)	[tʃmím]
coste (m)	kosto (f)	[kósto]
suma (f)	shumë (f)	[ʃúmə]
gastar (vt)	shpenzoj	[ʃpɛnzój]
gastos (m pl)	shpenzime (f)	[ʃpɛnzímɛ]

economizar (vi, vt)	kursej	[kurséj]
económico (adj)	ekonomik	[ɛkonomík]
pagar (vi, vt)	paguaj	[pagúaj]
pago (m)	pagesë (f)	[pagésə]
cambio (m) (devolver el ~)	kusur (m)	[kusúr]
impuesto (m)	taksë (f)	[táksə]
multa (f)	gjobë (f)	[ɟóbə]
multar (vt)	vendos gjobë	[vɛndós ɟóbə]

81. La oficina de correos

oficina (f) de correos	zyrë postare (f)	[zýrə postárɛ]
correo (m) (cartas, etc.)	postë (f)	[póstə]
cartero (m)	postier (m)	[postiér]
horario (m) de apertura	orari i punës (m)	[orári i púnəs]
carta (f)	letër (f)	[létər]
carta (f) certificada	letër rekomande (f)	[létər rɛkomándɛ]
tarjeta (f) postal	kartolinë (f)	[kartolínə]
telegrama (m)	telegram (m)	[tɛlɛgrám]
paquete (m) postal	pako (f)	[páko]
giro (m) postal	transfer parash (m)	[transfér paráʃ]
recibir (vt)	pranoj	[pranój]
enviar (vt)	dërgoj	[dərgój]
envío (m)	dërgesë (f)	[dərgésə]
dirección (f)	adresë (f)	[adrésə]
código (m) postal	kodi postar (m)	[kódi postár]
expedidor (m)	dërguesi (m)	[dərgúɛsi]
destinatario (m)	pranues (m)	[pranúɛs]
nombre (m)	emër (m)	[émər]
apellido (m)	mbiemër (m)	[mbiémər]
tarifa (f)	tarifë postare (f)	[tarífə postárɛ]
ordinario (adj)	standard	[standárd]
económico (adj)	ekonomike	[ɛkonomíkɛ]
peso (m)	peshë (f)	[péʃə]
pesar (~ una carta)	peshoj	[pɛʃój]
sobre (m)	zarf (m)	[zarf]
sello (m)	pullë postare (f)	[púłə postárɛ]
poner un sello	vendos pullën postare	[vɛndós púłən postárɛ]

La vivienda. La casa. El hogar

82. La casa. La vivienda

casa (f)	shtëpi (f)	[ʃtəpí]
en casa (adv)	në shtëpi	[nə ʃtəpí]
patio (m)	oborr (m)	[obór]
verja (f)	gardh (m)	[garð]
ladrillo (m)	tullë (f)	[túłə]
de ladrillo (adj)	me tulla	[mɛ túła]
piedra (f)	gur (m)	[gur]
de piedra (adj)	guror	[gurór]
hormigón (m)	çimento (f)	[tʃiménto]
de hormigón (adj)	prej çimentoje	[prɛj tʃiméntojɛ]
nuevo (adj)	i ri	[i rí]
viejo (adj)	i vjetër	[i vjétər]
deteriorado (adj)	e vjetruar	[ɛ vjɛtrúar]
moderno (adj)	moderne	[modérnɛ]
de muchos pisos	shumëkatëshe	[ʃuməkátəʃɛ]
alto (adj)	e lartë	[ɛ lártə]
piso (m)	kat (m)	[kat]
de un solo piso	njëkatëshe	[ɲəkátəʃɛ]
piso (m) bajo	përdhese (f)	[pərðésɛ]
piso (m) alto	kati i fundit (m)	[káti i fúndit]
techo (m)	çati (f)	[tʃatí]
chimenea (f)	oxhak (m)	[odʒák]
tejas (f pl)	tjegulla (f)	[tjéguła]
de tejas (adj)	me tjegulla	[mɛ tjéguła]
desván (m)	papafingo (f)	[papafíɲo]
ventana (f)	dritare (f)	[dritárɛ]
vidrio (m)	xham (m)	[dʒam]
alféizar (m)	prag dritareje (m)	[prag dritárɛjɛ]
contraventanas (f pl)	grila (f)	[gríla]
pared (f)	mur (m)	[mur]
balcón (m)	ballkon (m)	[bałkón]
gotera (f)	ulluk (m)	[ułúk]
arriba (estar ~)	lart	[lart]
subir (vi)	ngjitem lart	[ɲɟitém lárt]
descender (vi)	zbres	[zbrɛs]
mudarse (vr)	lëviz	[ləvíz]

83. La casa. La entrada. El ascensor

entrada (f)	hyrje (f)	[hýrjɛ]
escalera (f)	shkallë (f)	[ʃkáɬə]
escalones (m)	shkallë (f)	[ʃkáɬə]
baranda (f)	parmak (m)	[parmák]
vestíbulo (m)	holl (m)	[hoɬ]
buzón (m)	kuti postare (f)	[kutí postárɛ]
contenedor (m) de basura	kazan mbeturinash (m)	[kazán mbɛturínaʃ]
bajante (f) de basura	ashensor mbeturinash (m)	[aʃɛnsór mbɛturínaʃ]
ascensor (m)	ashensor (m)	[aʃɛnsór]
ascensor (m) de carga	ashensor mallrash (m)	[aʃɛnsór máɬraʃ]
cabina (f)	kabinë ashensori (f)	[kabínə aʃɛnsóri]
ir en el ascensor	marr ashensorin	[mar aʃɛnsórin]
apartamento (m)	apartament (m)	[apartamént]
inquilinos (m)	banorë (pl)	[banórə]
vecino (m)	komshi (m)	[komʃí]
vecina (f)	komshike (f)	[komʃíkɛ]
vecinos (m pl)	komshinj (pl)	[komʃíɲ]

84. La casa. Las puertas. Los candados

puerta (f)	derë (f)	[dérə]
portón (m)	portik (m)	[portík]
tirador (m)	dorezë (f)	[dorézə]
abrir el cerrojo	zhbllokoj	[ʒbɬokój]
abrir (vt)	hap	[hap]
cerrar (vt)	mbyll	[mbyɬ]
llave (f)	çelës (m)	[tʃéləs]
manojo (m) de llaves	tufë çelësash (f)	[túfə tʃéləsaʃ]
crujir (vi)	kërcet	[kərtsét]
crujido (m)	kërcitje (f)	[kərtsítjɛ]
gozne (m)	menteshë (f)	[mɛntéʃə]
felpudo (m)	tapet hyrës (m)	[tapét hýrəs]
cerradura (f)	kyç (m)	[kytʃ]
ojo (m) de cerradura	vrimë e çelësit (f)	[vrímə ɛ tʃéləsit]
cerrojo (m)	shul (m)	[ʃul]
pestillo (m)	shul (m)	[ʃul]
candado (m)	dry (m)	[dry]
tocar el timbre	i bie ziles	[i bíɛ zíɫɛs]
campanillazo (f)	tingulli i ziles (m)	[tíɲuɬi i zíɫɛs]
timbre (m)	zile (f)	[zíɫɛ]
botón (m)	çelësi i ziles (m)	[tʃéləsi i zíɫɛs]
llamada (f)	trokitje (f)	[trokítjɛ]
llamar (vi)	trokas	[trokás]

código (m)	kod (m)	[kod]
cerradura (f) de contraseña	kod (m)	[kod]
telefonillo (m)	interkom (m)	[intɛrkóm]
número (m)	numër (m)	[númər]
placa (f) de puerta	pllakë e emrit (f)	[pɫákə ɛ émrit]
mirilla (f)	vrimë përgjimi (f)	[vrímə pərɟími]

85. La casa de campo

aldea (f)	fshat (m)	[fʃát]
huerta (f)	kopsht zarzavatesh (m)	[kópʃt zarzavátɛʃ]
empalizada (f)	gardh (m)	[garð]
valla (f)	gardh kunjash	[garð kúɲaʃ]
puertecilla (f)	portik (m)	[portík]

granero (m)	hambar (m)	[hambár]
sótano (m)	qilar (m)	[cilár]
cobertizo (m)	kasolle (f)	[kasóɫɛ]
pozo (m)	pus (m)	[pus]

estufa (f)	sobë (f)	[sóbə]
calentar la estufa	mbush sobën	[mbúʃ sóbən]
leña (f)	dru për zjarr (m)	[dru pər zjár]
leño (m)	dru (m)	[dru]

veranda (f)	verandë (f)	[vɛrándə]
terraza (f)	ballkon (m)	[baɫkón]
porche (m)	prag i derës (m)	[prag i dérəs]
columpio (m)	kolovajzë (f)	[kolovájzə]

86. El castillo. El palacio

castillo (m)	kështjellë (f)	[kəʃtjéɫə]
palacio (m)	pallat (m)	[paɫát]
fortaleza (f)	kala (f)	[kalá]

muralla (f)	mur rrethues (m)	[mur rɛθúɛs]
torre (f)	kullë (f)	[kúɫə]
torre (f) principal	kulla e parë (f)	[kúɫa ɛ párə]

rastrillo (m)	portë me hekura (f)	[pórtə mɛ hékura]
pasaje (m) subterráneo	nënkalim (m)	[nənkalím]
foso (m) del castillo	kanal (m)	[kanál]

| cadena (f) | zinxhir (m) | [zindʒír] |
| aspillera (f) | frëngji (f) | [frənɟí] |

| magnífico (adj) | e mrekullueshme | [ɛ mrɛkuɫúɛʃmɛ] |
| majestuoso (adj) | madhështore | [maðəʃtórɛ] |

| inexpugnable (adj) | e padepërtueshme | [ɛ padɛpərtúɛʃmɛ] |
| medieval (adj) | mesjetare | [mɛsjɛtárɛ] |

87. El apartamento

apartamento (m)	apartament (m)	[apartamént]
habitación (f)	dhomë (f)	[ðómə]
dormitorio (m)	dhomë gjumi (f)	[ðómə ɟúmi]
comedor (m)	dhomë ngrënie (f)	[ðómə ŋrəníɛ]
salón (m)	dhomë ndeje (f)	[ðómə ndéjɛ]
despacho (m)	dhomë pune (f)	[ðómə púnɛ]

antecámara (f)	hyrje (f)	[hýrjɛ]
cuarto (m) de baño	banjo (f)	[báɲo]
servicio (m)	tualet (m)	[tualét]

techo (m)	tavan (m)	[taván]
suelo (m)	dysheme (f)	[dyʃɛmé]
rincón (m)	qoshe (f)	[cóʃɛ]

88. El apartamento. La limpieza

hacer la limpieza	pastroj	[pastrój]
quitar (retirar)	vendos	[vɛndós]

polvo (m)	pluhur (m)	[plúhur]
polvoriento (adj)	e pluhurosur	[ɛ pluhurósur]
limpiar el polvo	marr pluhurat	[mar plúhurat]
aspirador (m)	fshesë elektrike (f)	[fʃésə ɛlɛktríkɛ]
limpiar con la aspiradora	thith pluhurin	[θiθ plúhurin]

barrer (vi, vt)	fshij	[fʃíj]
barreduras (f pl)	plehra (f)	[pléhra]
orden (m)	rregull (m)	[réguɫ]
desorden (m)	rrëmujë (f)	[rəmújə]

fregona (f)	shtupë (f)	[ʃtúpə]
trapo (m)	leckë (f)	[létskə]
escoba (f)	fshesë (f)	[fʃésə]
cogedor (m)	kaci (f)	[katsí]

89. Los muebles. El interior

muebles (m pl)	orendi (f)	[orɛndí]
mesa (f)	tryezë (f)	[tryézə]
silla (f)	karrige (f)	[karígɛ]
cama (f)	shtrat (m)	[ʃtrat]
sofá (m)	divan (m)	[diván]
sillón (m)	kolltuk (m)	[koɫtúk]

librería (f)	raft librash (m)	[ráft líbraʃ]
estante (m)	sergjen (m)	[sɛɟén]
armario (m)	gardërobë (f)	[gardəróbə]
percha (f)	varëse (f)	[várəsɛ]

perchero (m) de pie	varëse xhaketash (f)	[várəsɛ dʒakétaʃ]
cómoda (f)	komodë (f)	[komódə]
mesa (f) de café	tryezë e ulët (f)	[tryézə ɛ úlət]

espejo (m)	pasqyrë (f)	[pascýrə]
tapiz (m)	qilim (m)	[cilím]
alfombra (f)	tapet (m)	[tapét]

chimenea (f)	oxhak (m)	[odʒák]
candela (f)	qiri (m)	[círi]
candelero (m)	shandan (m)	[ʃandán]

cortinas (f pl)	perde (f)	[pérdɛ]
empapelado (m)	tapiceri (f)	[tapitsɛrí]
estor (m) de láminas	grila (f)	[gríla]

lámpara (f) de mesa	llambë tavoline (f)	[ɫámbə tavolínɛ]
candil (m)	llambadar muri (m)	[ɫambadár múri]
lámpara (f) de pie	llambadar (m)	[ɫambadár]
lámpara (f) de araña	llambadar (m)	[ɫambadár]

pata (f) (~ de la mesa)	këmbë (f)	[kémbə]
brazo (m)	mbështetëse krahu (f)	[mbəʃtétəsɛ kráhu]
espaldar (m)	mbështetëse (f)	[mbəʃtétəsɛ]
cajón (m)	sirtar (m)	[sirtár]

90. Los accesorios de la cama

ropa (f) de cama	çarçafë (pl)	[tʃartʃáfə]
almohada (f)	jastëk (m)	[jasték]
funda (f)	këllëf jastëku (m)	[kəɫəf jastéku]
manta (f)	jorgan (m)	[jorgán]
sábana (f)	çarçaf (m)	[tʃartʃáf]
sobrecama (f)	mbulesë (f)	[mbulésə]

91. La cocina

cocina (f)	kuzhinë (f)	[kuʒínə]
gas (m)	gaz (m)	[gaz]
cocina (f) de gas	sobë me gaz (f)	[sóbə mɛ gaz]
cocina (f) eléctrica	sobë elektrike (f)	[sóbə ɛlɛktríkɛ]
horno (m)	furrë (f)	[fúrə]
horno (m) microondas	mikrovalë (f)	[mikroválə]

frigorífico (m)	frigorifer (m)	[frigorifér]
congelador (m)	frigorifer (m)	[frigorifér]
lavavajillas (m)	pjatalarëse (f)	[pjatalárəsɛ]

picadora (f) de carne	grirëse mishi (f)	[grírəsɛ míʃi]
exprimidor (m)	shtrydhëse frutash (f)	[ʃtrýðəsɛ frútaʃ]
tostador (m)	toster (m)	[tostér]
batidora (f)	mikser (m)	[miksér]

cafetera (f) (aparato de cocina)	makinë kafeje (f)	[makínə kaféjɛ]
cafetera (f) (para servir)	kafetierë (f)	[kafɛtiérə]
molinillo (m) de café	mulli kafeje (f)	[muɫí káfɛjɛ]

hervidor (m) de agua	çajnik (m)	[tʃajník]
tetera (f)	çajnik (m)	[tʃajník]
tapa (f)	kapak (m)	[kapák]
colador (m) de té	sitë çaji (f)	[sítə tʃáji]

cuchara (f)	lugë (f)	[lúgə]
cucharilla (f)	lugë çaji (f)	[lúgə tʃáji]
cuchara (f) de sopa	lugë gjelle (f)	[lúgə ɟéɫɛ]
tenedor (m)	pirun (m)	[pirún]
cuchillo (m)	thikë (f)	[θíkə]

vajilla (f)	enë kuzhine (f)	[énə kuʒínɛ]
plato (m)	pjatë (f)	[pjátə]
platillo (m)	pjatë filxhani (f)	[pjátə fildʒáni]

vaso (m) de chupito	potir (m)	[potír]
vaso (m) (~ de agua)	gotë (f)	[gótə]
taza (f)	filxhan (m)	[fildʒán]

azucarera (f)	tas për sheqer (m)	[tas pər ʃɛcér]
salero (m)	kripore (f)	[kripórɛ]
pimentero (m)	enë piperi (f)	[énə pipéri]
mantequera (f)	pjatë gjalpi (f)	[pjátə ɟálpi]

cacerola (f)	tenxhere (f)	[tɛndʒérɛ]
sartén (f)	tigan (m)	[tigán]
cucharón (m)	garuzhdë (f)	[garúʒdə]
colador (m)	kullesë (f)	[kuɫésə]
bandeja (f)	tabaka (f)	[tabaká]

botella (f)	shishe (f)	[ʃíʃɛ]
tarro (m) de vidrio	kavanoz (m)	[kavanóz]
lata (f) de hojalata	kanoçe (f)	[kanótʃɛ]

abrebotellas (m)	hapëse shishesh (f)	[hapəsé ʃíʃɛʃ]
abrelatas (m)	hapëse kanoçesh (f)	[hapəsé kanótʃɛʃ]
sacacorchos (m)	turjelë tapash (f)	[turjélə tápaʃ]
filtro (m)	filtër (m)	[fíltər]
filtrar (vt)	filtroj	[filtrój]

basura (f)	pleh (m)	[plɛh]
cubo (m) de basura	kosh plehrash (m)	[koʃ pléhraʃ]

92. El baño

cuarto (m) de baño	banjo (f)	[báɲo]
agua (f)	ujë (m)	[újə]
grifo (m)	rubinet (m)	[rubinét]
agua (f) caliente	ujë i nxehtë (f)	[újə i ndzéhtə]

agua (f) fría	ujë i ftohtë (f)	[újə i ftóhtə]
pasta (f) de dientes	pastë dhëmbësh (f)	[pástə ðə́mbəʃ]
limpiarse los dientes	laj dhëmbët	[laj ðə́mbət]
cepillo (m) de dientes	furçë dhëmbësh (f)	[fúrtʃə ðə́mbəʃ]

afeitarse (vr)	rruhem	[rúhɛm]
espuma (f) de afeitar	shkumë rroje (f)	[ʃkumə rójɛ]
maquinilla (f) de afeitar	brisk (m)	[brísk]

lavar (vt)	laj duart	[laj dúart]
darse un baño	lahem	[láhɛm]
ducha (f)	dush (m)	[duʃ]
darse una ducha	bëj dush	[bəj dúʃ]

baño (m)	vaskë (f)	[váskə]
inodoro (m)	tualet (m)	[tualét]
lavabo (m)	lavaman (m)	[lavamán]

| jabón (m) | sapun (m) | [sapún] |
| jabonera (f) | pjatë sapuni (f) | [pjátə sapúni] |

esponja (f)	sfungjer (m)	[sfunɟér]
champú (m)	shampo (f)	[ʃampó]
toalla (f)	peshqir (m)	[pɛʃcír]
bata (f) de baño	peshqir trupi (m)	[pɛʃcír trúpi]

colada (f), lavado (m)	larje (f)	[lárjɛ]
lavadora (f)	makinë larëse (f)	[makínə lárəsɛ]
lavar la ropa	laj rroba	[laj róba]
detergente (m) en polvo	detergjent (m)	[dɛtɛrɟént]

93. Los aparatos domésticos

televisor (m)	televizor (m)	[tɛlɛvizór]
magnetófono (m)	inçizues me shirit (m)	[intʃizúɛs mɛ ʃirít]
vídeo (m)	video regjistrues (m)	[vídɛo rɛɟistrúɛs]
radio (f)	radio (f)	[rádio]
reproductor (m) (~ MP3)	kasetofon (m)	[kasɛtofón]

proyector (m) de vídeo	projektor (m)	[projɛktór]
sistema (m) home cinema	kinema shtëpie (f)	[kinɛmá ʃtəpíɛ]
reproductor (m) de DVD	DVD player (m)	[dividí plɛjər]
amplificador (m)	amplifikator (m)	[amplifikatór]
videoconsola (f)	konsol video loje (m)	[konsól vídɛo lójɛ]

cámara (f) de vídeo	videokamerë (f)	[vidɛokamérə]
cámara (f) fotográfica	aparat fotografik (m)	[aparát fotografík]
cámara (f) digital	kamerë digjitale (f)	[kamérə diɟitálɛ]

aspirador (m)	fshesë elektrike (f)	[fʃésə ɛlɛktríkɛ]
plancha (f)	hekur (m)	[hékur]
tabla (f) de planchar	tryezë për hekurosje (f)	[tryézə pər hɛkurósjɛ]
teléfono (m)	telefon (m)	[tɛlɛfón]
teléfono (m) móvil	celular (m)	[tsɛlulár]

máquina (f) de escribir	makinë shkrimi (f)	[makínə ʃkrími]
máquina (f) de coser	makinë qepëse (f)	[makínə cépəsɛ]
micrófono (m)	mikrofon (m)	[mikrofón]
auriculares (m pl)	kufje (f)	[kúfjɛ]
mando (m) a distancia	telekomandë (f)	[tɛlɛkomándə]
CD (m)	CD (f)	[tsɛdé]
casete (m)	kasetë (f)	[kasétə]
disco (m) de vinilo	pllakë gramafoni (f)	[pɬákə gramafóni]

94. Los arreglos. La renovación

renovación (f)	renovim (m)	[rɛnovím]
renovar (vt)	rinovoj	[rinovój]
reparar (vt)	riparoj	[riparój]
poner en orden	rregulloj	[rɛguɬój]
rehacer (vt)	ribëj	[ribéj]
pintura (f)	bojë (f)	[bójə]
pintar (las paredes)	lyej	[lýɛj]
pintor (m)	bojaxhi (m)	[bojadʒí]
brocha (f)	furçë (f)	[fúrtʃə]
cal (f)	gëlqere (f)	[gəlcéɾɛ]
encalar (vt)	lyej me gëlqere	[lýɛj mɛ gəlcéɾɛ]
empapelado (m)	tapiceri (f)	[tapitsɛrí]
empapelar (vt)	vendos tapiceri	[vɛndós tapitsɛrí]
barniz (m)	llak (m)	[ɬak]
cubrir con barniz	lustroj	[lustrój]

95. La plomería

agua (f)	ujë (m)	[újə]
agua (f) caliente	ujë i nxehtë (f)	[újə i ndzéhtə]
agua (f) fría	ujë i ftohtë (f)	[újə i ftóhtə]
grifo (m)	rubinet (m)	[rubinét]
gota (f)	pikë uji (f)	[píkə úji]
gotear (el grifo)	pikon	[pikón]
gotear (cañería)	rrjedh	[rjéð]
escape (f) de agua	rrjedhje (f)	[rjéðjɛ]
charco (m)	pellg (m)	[pɛɬg]
tubo (m)	gyp (m)	[gyp]
válvula (f)	valvulë (f)	[valvúlə]
estar atascado	bllokohet	[bɬokóhɛt]
instrumentos (m pl)	vegla (pl)	[végla]
llave (f) inglesa	çelës anglez (m)	[tʃéləs aŋléz]
destornillar (vt)	zhvidhos	[ʒviðós]

atornillar (vt)	vidhos	[viðós]
desatascar (vt)	zhbllokoj	[ʒbłokój]
fontanero (m)	hidraulik (m)	[hidraulík]
sótano (m)	qilar (m)	[cilár]
alcantarillado (m)	kanalizim (m)	[kanalizím]

96. El fuego. El Incendio

fuego (m)	zjarr (m)	[zjar]
llama (f)	flakë (f)	[flákə]
chispa (f)	shkëndijë (f)	[ʃkəndíjə]
humo (m)	tym (m)	[tym]
antorcha (f)	pishtar (m)	[piʃtár]
hoguera (f)	zjarr kampingu (m)	[zjar kampíŋu]

gasolina (f)	benzinë (f)	[bɛnzínə]
queroseno (m)	vajgur (m)	[vajgúr]
inflamable (adj)	djegëse	[djégəsɛ]
explosivo (adj)	shpërthyese	[ʃpərθýɛsɛ]
PROHIBIDO FUMAR	NDALOHET DUHANI	[ndalóhɛt duháni]

seguridad (f)	siguri (f)	[sigurí]
peligro (m)	rrezik (m)	[rɛzík]
peligroso (adj)	i rrezikshëm	[i rɛzíkʃəm]

prenderse fuego	merr flakë	[mɛr flákə]
explosión (f)	shpërthim (m)	[ʃpərθím]
incendiar (vt)	vë flakën	[və flákən]
incendiario (m)	zjarrvënës (m)	[zjarvénəs]
incendio (m) provocado	zjarrvënie e qëllimshme (f)	[zjarvéniɛ ɛ cətímʃmɛ]

estar en llamas	flakëron	[flakərón]
arder (vi)	digjet	[díɟɛt]
incendiarse (vr)	u dogj	[u doɉ]

llamar a los bomberos	telefonoj zjarrfikësit	[tɛlɛfonój zjarfíkəsit]
bombero (m)	zjarrfikës (m)	[zjarfíkəs]
coche (m) de bomberos	kamion zjarrfikës (m)	[kamión zjarfíkəs]
cuerpo (m) de bomberos	zjarrfikës (m)	[zjarfíkəs]
escalera (f) telescópica	shkallë e zjarrfikëses (f)	[ʃkáłə ɛ zjarfíkəsɛs]

manguera (f)	pompë e ujit (f)	[pómpə ɛ újit]
extintor (m)	bombolë kundër zjarrit (f)	[bombólə kúndər zjárit]
casco (m)	helmetë (f)	[hɛlmétə]
sirena (f)	alarm (m)	[alárm]

gritar (vi)	bërtas	[bərtás]
pedir socorro	thërras për ndihmë	[θərás pər ndíhmə]
socorrista (m)	shpëtimtar (m)	[ʃpətimtár]
salvar (vt)	shpëtoj	[ʃpətój]

llegar (vi)	arrij	[aríj]
apagar (~ el incendio)	shuaj	[ʃúaj]
agua (f)	ujë (m)	[újə]

arena (f)	**rërë** (f)	[rə́rə]
ruinas (f pl)	**gërmadhë** (f)	[gərmáðə]
colapsarse (vr)	**shembet**	[ʃémbɛt]
hundirse (vr)	**rrëzohem**	[rəzóhɛm]
derrumbarse (vr)	**shembet**	[ʃémbɛt]
trozo (m) (~ del muro)	**mbetje** (f)	[mbétjɛ]
ceniza (f)	**hi** (m)	[hi]
morir asfixiado	**asfiksim**	[asfiksím]
perecer (vi)	**vdes**	[vdɛs]

LAS ACTIVIDADES DE LA GENTE

El trabajo. Los negocios. Unidad 1

97. La banca

banco (m)	bankë (f)	[bánkə]
sucursal (f)	degë (f)	[dégə]
asesor (m) (~ fiscal)	punonjës banke (m)	[punóɲəs bánkɛ]
gerente (m)	drejtor (m)	[drɛjtór]
cuenta (f)	llogari bankare (f)	[łogarí bankárɛ]
numero (m) de la cuenta	numër llogarie (m)	[númər łogaríɛ]
cuenta (f) corriente	llogari rrjedhëse (f)	[łogarí rjéðəsɛ]
cuenta (f) de ahorros	llogari kursimesh (f)	[łogarí kursímɛʃ]
abrir una cuenta	hap një llogari	[hap ɲə łogarí]
cerrar la cuenta	mbyll një llogari	[mbýł ɲə łogarí]
ingresar en la cuenta	depozitoj në llogari	[dɛpozitój nə łogarí]
sacar de la cuenta	tërheq	[tərhéc]
depósito (m)	depozitë (f)	[dɛpozítə]
hacer un depósito	kryej një depozitim	[krýɛj ɲə dɛpozitím]
giro (m) bancario	transfer bankar (m)	[transfér bankár]
hacer un giro	transferoj para	[transfɛrój pará]
suma (f)	shumë (f)	[ʃúmə]
¿Cuánto?	Sa?	[sa?]
firma (f) (nombre)	nënshkrim (m)	[nənʃkrím]
firmar (vt)	nënshkruaj	[nənʃkrúaj]
tarjeta (f) de crédito	kartë krediti (f)	[kártə krɛdíti]
código (m)	kodi PIN (m)	[kódi pin]
número (m) de tarjeta de crédito	numri i kartës së kreditit (m)	[númri i kártəs sə krɛdítit]
cajero (m) automático	bankomat (m)	[bankomát]
cheque (m)	çek (m)	[tʃɛk]
sacar un cheque	lëshoj një çek	[ləʃój ɲə tʃék]
talonario (m)	bllok çeqesh (m)	[błók tʃécɛʃ]
crédito (m)	kredi (f)	[krɛdí]
pedir el crédito	aplikoj për kredi	[aplikój pər krɛdí]
obtener un crédito	marr kredi	[mar krɛdí]
conceder un crédito	jap kredi	[jap krɛdí]
garantía (f)	garanci (f)	[garantsí]

98. El teléfono. Las conversaciones telefónicas

teléfono (m)	telefon (m)	[tɛlɛfón]
teléfono (m) móvil	celular (m)	[tsɛlulár]
contestador (m)	sekretari telefonike (f)	[sɛkrɛtarí tɛlɛfoníkɛ]
llamar, telefonear	telefonoj	[tɛlɛfonój]
llamada (f)	telefonatë (f)	[tɛlɛfonátə]
marcar un número	i bie numrit	[i bíɛ númrit]
¿Sí?, ¿Dígame?	Përshëndetje!	[pərʃəndétjɛ!]
preguntar (vt)	pyes	[pýɛs]
responder (vi, vt)	përgjigjem	[pərɟíɟɛm]
oír (vt)	dëgjoj	[dəɟój]
bien (adv)	mirë	[mírə]
mal (adv)	jo mirë	[jo mírə]
ruidos (m pl)	zhurmë (f)	[ʒúrmə]
auricular (m)	marrës (m)	[márəs]
descolgar (el teléfono)	ngre telefonin	[ŋré tɛlɛfónin]
colgar el auricular	mbyll telefonin	[mbýɫ tɛlɛfónin]
ocupado (adj)	i zënë	[i zénə]
sonar (teléfono)	bie zilja	[bíɛ zílja]
guía (f) de teléfonos	numerator telefonik (m)	[numɛratór tɛlɛfoník]
local (adj)	lokale	[lokálɛ]
llamada (f) local	thirrje lokale (f)	[θírjɛ lokálɛ]
de larga distancia	distancë e largët	[distántsə ɛ lárgət]
llamada (f) de larga distancia	thirrje në distancë (f)	[θírjɛ nə distántsə]
internacional (adj)	ndërkombëtar	[ndərkombətár]
llamada (f) internacional	thirrje ndërkombëtare (f)	[θírjɛ ndərkombətárɛ]

99. El teléfono celular

teléfono (m) móvil	celular (m)	[tsɛlulár]
pantalla (f)	ekran (m)	[ɛkrán]
botón (m)	buton (m)	[butón]
tarjeta SIM (f)	karta SIM (m)	[kárta sim]
pila (f)	bateri (f)	[batɛrí]
descargarse (vr)	e shkarkuar	[ɛ ʃkarkúar]
cargador (m)	karikues (m)	[karikúɛs]
menú (m)	menu (f)	[mɛnú]
preferencias (f pl)	parametra (f)	[paramétra]
melodía (f)	melodi (f)	[mɛlodí]
seleccionar (vt)	përzgjedh	[pərzɟéð]
calculadora (f)	makinë llogaritëse (f)	[makínə ɫogarítəsɛ]
contestador (m)	postë zanore (f)	[póstə zanórɛ]
despertador (m)	alarm (m)	[alárm]

contactos (m pl)   kontakte (pl)   [kontáktɛ]
mensaje (m) de texto   SMS (m)   [ɛsɛmɛs]
abonado (m)   abonent (m)   [abonént]

100. Los artículos de escritorio

bolígrafo (m)   stilolaps (m)   [stiloláps]
pluma (f) estilográfica   stilograf (m)   [stilográf]

lápiz (f)   laps (m)   [láps]
marcador (m)   shënjues (m)   [ʃənúɛs]
rotulador (m)   tushë me bojë (f)   [túʃə mɛ bójə]

bloc (m) de notas   bllok shënimesh (m)   [bɫók ʃənímɛʃ]
agenda (f)   agjendë (f)   [aɟéndə]

regla (f)   vizore (f)   [vizórɛ]
calculadora (f)   makinë llogaritëse (f)   [makínə ɫogarítəsɛ]
goma (f) de borrar   gomë (f)   [gómə]
chincheta (f)   pineskë (f)   [pinéskə]
clip (m)   kapëse fletësh (f)   [kápəsɛ flétəʃ]

pegamento (m)   ngjitës (m)   [ɲítəs]
grapadora (f)   ngjitës metalik (m)   [ɲítəs mɛtalík]
perforador (m)   hapës vrimash (m)   [hápəs vrímaʃ]
sacapuntas (m)   mprehëse lapsash (m)   [mpréhəsɛ lápsaʃ]

El trabajo. Los negocios. Unidad 2

101. Los medios masivos

periódico (m)	gazetë (f)	[gazétə]
revista (f)	revistë (f)	[rɛvístə]
prensa (f)	shtyp (m)	[ʃtyp]
radio (f)	radio (f)	[rádio]
estación (f) de radio	radio stacion (m)	[rádio statsión]
televisión (f)	televizor (m)	[tɛlɛvizór]

presentador (m)	prezantues (m)	[prɛzantúɛs]
presentador (m) de noticias	prezantues lajmesh (m)	[prɛzantúɛs lájmɛʃ]
comentarista (m)	komentues (m)	[komɛntúɛs]

periodista (m)	gazetar (m)	[gazɛtár]
corresponsal (m)	reporter (m)	[rɛportér]
corresponsal (m) fotográfico	fotograf gazetar (m)	[fotográf gazɛtár]
reportero (m)	reporter (m)	[rɛportér]

redactor (m)	redaktor (m)	[rɛdaktór]
redactor jefe (m)	kryeredaktor (m)	[kryɛrɛdaktór]

suscribirse (vr)	abonohem	[abonóhɛm]
suscripción (f)	abonim (m)	[aboním]
suscriptor (m)	abonent (m)	[abonént]
leer (vi, vt)	lexoj	[lɛdzój]
lector (m)	lexues (m)	[lɛdzúɛs]

tirada (f)	qarkullim (m)	[carkułím]
mensual (adj)	mujore	[mujórɛ]
semanal (adj)	javor	[javór]
número (m)	edicion (m)	[ɛditsión]
nuevo (~ número)	i ri	[i rí]

titular (m)	kryeradhë (f)	[kryɛráðə]
noticia (f)	artikull i shkurtër (m)	[artíkuł i ʃkúrtər]
columna (f)	rubrikë (f)	[rubríkə]
artículo (m)	artikull (m)	[artíkuł]
página (f)	faqe (f)	[fácɛ]

reportaje (m)	reportazh (m)	[rɛportáʒ]
evento (m)	ceremoni (f)	[tsɛrɛmoní]
sensación (f)	ndjesi (f)	[ndjɛsí]
escándalo (m)	skandal (m)	[skandál]
escandaloso (adj)	skandaloz	[skandalóz]
gran (~ escándalo)	i madh	[i máð]

emisión (f)	emision (m)	[ɛmisión]
entrevista (f)	intervistë (f)	[intɛrvístə]

| transmisión (f) en vivo | lidhje direkte (f) | [líðjɛ dirɛ́ktɛ] |
| canal (m) | kanal (m) | [kanál] |

102. La agricultura

agricultura (f)	agrikulturë (f)	[agrikultúrə]
campesino (m)	fshatar (m)	[ffatár]
campesina (f)	fshatare (f)	[ffatárɛ]
granjero (m)	fermer (m)	[fɛrmér]

| tractor (m) | traktor (m) | [traktór] |
| cosechadora (f) | autokombajnë (f) | [autokombájnə] |

arado (m)	plug (m)	[plug]
arar (vi, vt)	lëroj	[lərój]
labrado (m)	tokë bujqësore (f)	[tókə bujcəsórɛ]
surco (m)	brazdë (f)	[brázdə]

sembrar (vi, vt)	mbjell	[mbjéɫ]
sembradora (f)	mbjellës (m)	[mbjéɫəs]
siembra (f)	mbjellje (f)	[mbjéɫjɛ]

| guadaña (f) | kosë (f) | [kósə] |
| segar (vi, vt) | kosit | [kosít] |

| pala (f) | lopatë (f) | [lopátə] |
| layar (vt) | lëroj | [lərój] |

azada (f)	shat (m)	[ʃat]
sachar, escardar	prashis	[praʃís]
mala hierba (f)	bar i keq (m)	[bar i kɛc]

regadera (f)	vaditës (m)	[vadítəs]
regar (plantas)	ujis	[ujís]
riego (m)	vaditje (f)	[vadítjɛ]

| horquilla (f) | sfurk (m) | [sfúrk] |
| rastrillo (m) | grabujë (f) | [grabújə] |

fertilizante (m)	pleh (m)	[plɛh]
abonar (vt)	hedh pleh	[hɛð pléh]
estiércol (m)	pleh kafshësh (m)	[plɛh káfʃəʃ]

campo (m)	fushë (f)	[fúʃə]
prado (m)	lëndinë (f)	[ləndínə]
huerta (f)	kopsht zarzavatesh (m)	[kópʃt zarzavátɛʃ]
jardín (m)	kopsht frutor (m)	[kópʃt frutór]

pacer (vt)	kullos	[kuɫós]
pastor (m)	bari (m)	[barí]
pastadero (m)	kullota (f)	[kuɫóta]

| ganadería (f) | mbarështim bagëtish (m) | [mbarəʃtím bagətíʃ] |
| cría (f) de ovejas | rritje e deleve (f) | [rítjɛ ɛ délɛvɛ] |

plantación (f)	plantacion (m)	[plantatsión]
hilera (f) (~ de cebollas)	rresht (m)	[réʃt]
invernadero (m)	serë (f)	[sérə]

| sequía (f) | thatësirë (f) | [θatəsírə] |
| seco, árido (adj) | e thatë | [ɛ θátə] |

grano (m)	drithë (m)	[dríθə]
cereales (m pl)	drithëra (pl)	[dríθəra]
recolectar (vt)	korr	[kor]

molinero (m)	mullixhi (m)	[muɫidʒí]
molino (m)	mulli (m)	[muɫí]
moler (vt)	bluaj	[blúaj]
harina (f)	miell (m)	[míɛɫ]
paja (f)	kashtë (f)	[káʃtə]

103. La construcción. Los métodos de construcción

obra (f)	kantier ndërtimi (m)	[kantiér ndərtími]
construir (vt)	ndërtoj	[ndərtój]
albañil (m)	punëtor ndërtimi (m)	[punətór ndərtími]

proyecto (m)	projekt (m)	[projékt]
arquitecto (m)	arkitekt (m)	[arkitékt]
obrero (m)	punëtor (m)	[punətór]

cimientos (m pl)	themel (m)	[θɛmél]
techo (m)	çati (f)	[tʃatí]
pila (f) de cimentación	shtyllë themeli (f)	[ʃtýɫə θɛméli]
muro (m)	mur (m)	[mur]

| armadura (f) | shufra përforcuese (pl) | [ʃúfra pərfortsúɛsɛ] |
| andamio (m) | skela (f) | [skéla] |

hormigón (m)	beton (m)	[bɛtón]
granito (m)	granit (m)	[granít]
piedra (f)	gur (m)	[gur]
ladrillo (m)	tullë (f)	[túɫə]

arena (f)	rërë (f)	[rérə]
cemento (m)	çimento (f)	[tʃiménto]
estuco (m)	suva (f)	[súva]
estucar (vt)	suvatoj	[suvatój]

pintura (f)	bojë (f)	[bójə]
pintar (las paredes)	lyej	[lýɛj]
barril (m)	fuçi (f)	[futʃí]

grúa (f)	vinç (m)	[vintʃ]
levantar (vt)	ngreh	[ŋréh]
bajar (vt)	ul	[ul]
bulldózer (m)	buldozer (m)	[buldozér]
excavadora (f)	ekskavator (m)	[ɛkskavatór]

cuchara (f)	**goja e ekskavatorit** (f)	[gója ɛ ɛkskavatórit]
cavar (vt)	**gërmoj**	[gərmój]
casco (m)	**helmetë** (f)	[hɛlmétə]

Las profesiones y los oficios

104. La búsqueda de trabajo. El despido del trabajo

trabajo (m)	punë (f)	[púnə]
empleados (pl)	staf (m)	[staf]
personal (m)	personel (m)	[pɛrsonél]
carrera (f)	karrierë (f)	[kariérə]
perspectiva (f)	mundësi (f)	[mundəsí]
maestría (f)	aftësi (f)	[aftəsí]
selección (f)	përzgjedhje (f)	[pərzɟéðjɛ]
agencia (f) de empleo	agjenci punësimi (f)	[aɟɛntsí punəsími]
curriculum vitae (m)	resume (f)	[rɛsumé]
entrevista (f)	intervistë punësimi (f)	[intɛrvístə punəsími]
vacancia (f)	vend i lirë pune (m)	[vɛnd i lírə púnɛ]
salario (m)	rrogë (f)	[rógə]
salario (m) fijo	rrogë fikse (f)	[rógə fíksɛ]
remuneración (f)	pagesë (f)	[pagésə]
puesto (m) (trabajo)	post (m)	[post]
deber (m)	detyrë (f)	[dɛtýrə]
gama (f) de deberes	lista e detyrave (f)	[lísta ɛ dɛtýravɛ]
ocupado (adj)	i zënë	[i zénə]
despedir (vt)	pushoj nga puna	[puʃój ŋa púna]
despido (m)	pushim nga puna (m)	[puʃím ŋa púna]
desempleo (m)	papunësi (m)	[papunəsí]
desempleado (m)	i papunë (m)	[i papúnə]
jubilación (f)	pension (m)	[pɛnsión]
jubilarse	dal në pension	[dál nə pɛnsión]

105. Los negociantes

director (m)	drejtor (m)	[drɛjtór]
gerente (m)	drejtor (m)	[drɛjtór]
jefe (m)	bos (m)	[bos]
superior (m)	epror (m)	[ɛprór]
superiores (m pl)	eprorët (pl)	[ɛprórət]
presidente (m)	president (m)	[prɛsidént]
presidente (m) (de compañía)	kryetar (m)	[kryɛtár]
adjunto (m)	zëvendës (m)	[zəvéndəs]
asistente (m)	ndihmës (m)	[ndíhməs]

secretario, -a (m, f)	sekretar (m)	[sɛkrɛtár]
secretario (m) particular	ndihmës personal (m)	[ndíhməs pɛrsonál]

hombre (m) de negocios	biznesmen (m)	[biznɛsmén]
emprendedor (m)	sipërmarrës (m)	[sipərmárəs]
fundador (m)	themelues (m)	[θɛmɛlúɛs]
fundar (vt)	themeloj	[θɛmɛlój]

institutor (m)	bashkëthemelues (m)	[baʃkəθɛmɛlúɛs]
compañero (m)	partner (m)	[partnér]
accionista (m)	aksioner (m)	[aksionér]

millonario (m)	milioner (m)	[milionér]
multimillonario (m)	bilioner (m)	[bilionér]
propietario (m)	pronar (m)	[pronár]
terrateniente (m)	pronar tokash (m)	[pronár tókaʃ]

cliente (m)	klient (m)	[kliént]
cliente (m) habitual	klient i rregullt (m)	[kliént i régułt]
comprador (m)	blerës (m)	[blérəs]
visitante (m)	vizitor (m)	[vizitór]

profesional (m)	profesionist (m)	[profɛsioníst]
experto (m)	ekspert (m)	[ɛkspért]
especialista (m)	specialist (m)	[spɛtsialíst]

banquero (m)	bankier (m)	[bankiér]
broker (m)	komisioner (m)	[komisionér]

cajero (m)	arkëtar (m)	[arkətár]
contable (m)	kontabilist (m)	[kontabilíst]
guardia (m) de seguridad	roje sigurimi (m)	[rójɛ sigurími]

inversionista (m)	investitor (m)	[invɛstitór]
deudor (m)	debitor (m)	[dɛbitór]
acreedor (m)	kreditor (m)	[krɛditór]
prestatario (m)	huamarrës (m)	[huamárəs]

importador (m)	importues (m)	[importúɛs]
exportador (m)	eksportues (m)	[ɛksportúɛs]

productor (m)	prodhues (m)	[proðúɛs]
distribuidor (m)	distributor (m)	[distributór]
intermediario (m)	ndërmjetës (m)	[ndərmjétəs]

asesor (m) (~ fiscal)	këshilltar (m)	[kəʃiłtár]
representante (m)	përfaqësues i shitjeve (m)	[pərfacəsúɛs i ʃitjévɛ]
agente (m)	agjent (m)	[aɟént]
agente (m) de seguros	agjent sigurimesh (m)	[aɟént sigurímɛʃ]

106. Los trabajos de servicio

cocinero (m)	kuzhinier (m)	[kuʒiniér]
jefe (m) de cocina	shef kuzhine (m)	[ʃɛf kuʒínɛ]

panadero (m)	**furrtar** (m)	[furtár]
barman (m)	**banakier** (m)	[banakiér]
camarero (m)	**kamerier** (m)	[kamɛriér]
camarera (f)	**kameriere** (f)	[kamɛriérɛ]

abogado (m)	**avokat** (m)	[avokát]
jurista (m)	**jurist** (m)	[juríst]
notario (m)	**noter** (m)	[notér]

electricista (m)	**elektricist** (m)	[ɛlɛktritsíst]
fontanero (m)	**hidraulik** (m)	[hidraulík]
carpintero (m)	**marangoz** (m)	[maraŋóz]

masajista (m)	**masazhist** (m)	[masaʒíst]
masajista (f)	**masazhiste** (f)	[masaʒístɛ]
médico (m)	**mjek** (m)	[mjék]

taxista (m)	**shofer taksie** (m)	[ʃofér taksíɛ]
chófer (m)	**shofer** (m)	[ʃofér]
repartidor (m)	**postier** (m)	[postiér]

camarera (f)	**pastruese** (f)	[pastrúɛsɛ]
guardia (m) de seguridad	**roje sigurimi** (m)	[rójɛ sigurími]
azafata (f)	**stjuardesë** (f)	[stjuardésə]

profesor (m) (~ de baile, etc.)	**mësues** (m)	[məsúɛs]
bibliotecario (m)	**punonjës biblioteke** (m)	[punóɲes bibliotékɛ]
traductor (m)	**përkthyes** (m)	[pərkθýɛs]
intérprete (m)	**përkthyes** (m)	[pərkθýɛs]
guía (m)	**udhërrëfyes** (m)	[uðərəfýɛs]

peluquero (m)	**parukiere** (f)	[parukiérɛ]
cartero (m)	**postier** (m)	[postiér]
vendedor (m)	**shitës** (m)	[ʃítəs]

jardinero (m)	**kopshtar** (m)	[kopʃtár]
servidor (m)	**shërbëtor** (m)	[ʃərbətór]
criada (f)	**shërbëtore** (f)	[ʃərbətórɛ]
mujer (f) de la limpieza	**pastruese** (f)	[pastrúɛsɛ]

107. La profesión militar y los rangos

soldado (m) raso	**ushtar** (m)	[uʃtár]
sargento (m)	**rreshter** (m)	[rɛʃtér]
teniente (m)	**toger** (m)	[togér]
capitán (m)	**kapiten** (m)	[kapitén]

mayor (m)	**major** (m)	[majór]
coronel (m)	**kolonel** (m)	[kolonél]
general (m)	**gjeneral** (m)	[ɟɛnɛrál]
mariscal (m)	**marshall** (m)	[marʃátł]
almirante (m)	**admiral** (m)	[admirál]
militar (m)	**ushtri** (f)	[uʃtrí]
soldado (m)	**ushtar** (m)	[uʃtár]

oficial (m)	oficer (m)	[ofitsér]
comandante (m)	komandant (m)	[komandánt]
guardafronteras (m)	roje kufiri (m)	[rójɛ kufíri]
radio-operador (m)	radist (m)	[radíst]
explorador (m)	eksplorues (m)	[ɛksplorúɛs]
zapador (m)	xhenier (m)	[dʒɛniér]
tirador (m)	shënjues (m)	[ʃənúɛs]
navegador (m)	navigues (m)	[navigúɛs]

108. Los oficiales. Los sacerdotes

rey (m)	mbret (m)	[mbrét]
reina (f)	mbretëreshë (f)	[mbrɛtəréʃə]
príncipe (m)	princ (m)	[prints]
princesa (f)	princeshë (f)	[printséʃə]
zar (m)	car (m)	[tsár]
zarina (f)	carina (f)	[tsarína]
presidente (m)	president (m)	[prɛsidént]
ministro (m)	ministër (m)	[minístər]
primer ministro (m)	kryeministër (m)	[kryɛminístər]
senador (m)	senator (m)	[sɛnatór]
diplomático (m)	diplomat (m)	[diplomát]
cónsul (m)	konsull (m)	[kónsuɫ]
embajador (m)	ambasador (m)	[ambasadór]
consejero (m)	këshilltar diplomatik (m)	[kəʃiɫtár diplomatík]
funcionario (m)	zyrtar (m)	[zyrtár]
prefecto (m)	prefekt (m)	[prɛfékt]
alcalde (m)	kryetar komune (m)	[kryɛtár komúnɛ]
juez (m)	gjykatës (m)	[ɟykátəs]
fiscal (m)	prokuror (m)	[prokurór]
misionero (m)	misionar (m)	[misionár]
monje (m)	murg (m)	[murg]
abad (m)	abat (m)	[abát]
rabino (m)	rabin (m)	[rabín]
visir (m)	vezir (m)	[vɛzír]
sha (m), shah (m)	shah (m)	[ʃah]
jeque (m)	sheik (m)	[ʃéik]

109. Las profesiones agrícolas

apicultor (m)	bletar (m)	[blɛtár]
pastor (m)	bari (m)	[barí]
agrónomo (m)	agronom (m)	[agronóm]

| ganadero (m) | rritës bagëtish (m) | [rítəs bagətíʃ] |
| veterinario (m) | veteriner (m) | [vɛtɛrinér] |

granjero (m)	fermer (m)	[fɛrmér]
vinicultor (m)	prodhues verërash (m)	[proðúɛs vérəraʃ]
zoólogo (m)	zoolog (m)	[zoológ]
cowboy (m)	lopar (m)	[lopár]

110. Las profesiones artísticas

| actor (m) | aktor (m) | [aktór] |
| actriz (f) | aktore (f) | [aktórɛ] |

| cantante (m) | këngëtar (m) | [kəŋətár] |
| cantante (f) | këngëtare (f) | [kəŋətárɛ] |

| bailarín (m) | valltar (m) | [vałtár] |
| bailarina (f) | valltare (f) | [vałtárɛ] |

| artista (m) | artist (m) | [artíst] |
| artista (f) | artiste (f) | [artístɛ] |

músico (m)	muzikant (m)	[muzikánt]
pianista (m)	pianist (m)	[pianíst]
guitarrista (m)	kitarist (m)	[kitaríst]

director (m) de orquesta	dirigjent (m)	[diriɟént]
compositor (m)	kompozitor (m)	[kompozitór]
empresario (m)	organizator (m)	[organizatór]

director (m) de cine	regjisor (m)	[rɛɟisór]
productor (m)	producent (m)	[produtsént]
guionista (m)	skenarist (m)	[skɛnaríst]
crítico (m)	kritik (m)	[kritík]

escritor (m)	shkrimtar (m)	[ʃkrimtár]
poeta (m)	poet (m)	[poét]
escultor (m)	skulptor (m)	[skulptór]
pintor (m)	piktor (m)	[piktór]

malabarista (m)	zhongler (m)	[ʒoŋlér]
payaso (m)	kloun (m)	[kloún]
acróbata (m)	akrobat (m)	[akrobát]
ilusionista (m)	magjistar (m)	[maɟistár]

111. Profesiones diversas

médico (m)	mjek (m)	[mjék]
enfermera (f)	infermiere (f)	[infɛrmiérɛ]
psiquiatra (m)	psikiatër (m)	[psikiátər]
estomatólogo (m)	dentist (m)	[dɛntíst]
cirujano (m)	kirurg (m)	[kirúrg]

astronauta (m)	astronaut (m)	[astronaút]
astrónomo (m)	astronom (m)	[astronóm]
piloto (m)	pilot (m)	[pilót]

conductor (m) (chófer)	shofer (m)	[ʃofér]
maquinista (m)	makinist (m)	[makiníst]
mecánico (m)	mekanik (m)	[mɛkaník]

minero (m)	minator (m)	[minatór]
obrero (m)	punëtor (m)	[punətór]
cerrajero (m)	bravandreqës (m)	[bravandrécəs]
carpintero (m)	marangoz (m)	[maraŋóz]
tornero (m)	tornitor (m)	[tornitór]
albañil (m)	punëtor ndërtimi (m)	[punətór ndərtími]
soldador (m)	saldator (m)	[saldatór]

profesor (m) (título)	profesor (m)	[profɛsór]
arquitecto (m)	arkitekt (m)	[arkitékt]
historiador (m)	historian (m)	[historián]
científico (m)	shkencëtar (m)	[ʃkɛntsətár]
físico (m)	fizikant (m)	[fizikánt]
químico (m)	kimist (m)	[kimíst]

arqueólogo (m)	arkeolog (m)	[arkɛológ]
geólogo (m)	gjeolog (m)	[ɟɛológ]
investigador (m)	studiues (m)	[studiúɛs]

niñera (f)	dado (f)	[dádo]
pedagogo (m)	mësues (m)	[məsúɛs]

redactor (m)	redaktor (m)	[rɛdaktór]
redactor jefe (m)	kryeredaktor (m)	[kryɛrɛdaktór]
corresponsal (m)	korrespondent (m)	[korɛspondént]
mecanógrafa (f)	daktilografiste (f)	[daktilografístɛ]

diseñador (m)	projektues (m)	[projɛktúɛs]
especialista (m) en ordenadores	ekspert kompjuterësh (m)	[ɛkspért kompjutérəʃ]

programador (m)	programues (m)	[programúɛs]
ingeniero (m)	inxhinier (m)	[indʒiniér]

marino (m)	marinar (m)	[marinár]
marinero (m)	marinar (m)	[marinár]
socorrista (m)	shpëtimtar (m)	[ʃpɛtimtár]

bombero (m)	zjarrfikës (m)	[zjarfíkəs]
policía (m)	polic (m)	[políts]
vigilante (m) nocturno	roje (f)	[rójɛ]
detective (m)	detektiv (m)	[dɛtɛktív]

aduanero (m)	doganier (m)	[doganiér]
guardaespaldas (m)	truprojë (f)	[truprójə]
guardia (m) de prisiones	gardian burgu (m)	[gardián búrgu]
inspector (m)	inspektor (m)	[inspɛktór]
deportista (m)	sportist (m)	[sportíst]
entrenador (m)	trajner (m)	[trajnér]

carnicero (m)	**kasap** (m)	[kasáp]
zapatero (m)	**këpucëtar** (m)	[kəputsətár]
comerciante (m)	**tregtar** (m)	[trɛgtár]
cargador (m)	**ngarkues** (m)	[ŋarkúɛs]
diseñador (m) de modas	**stilist** (m)	[stilíst]
modelo (f)	**modele** (f)	[modélɛ]

112. Los trabajos. El estatus social

escolar (m)	**nxënës** (m)	[ndzénəs]
estudiante (m)	**student** (m)	[studént]
filósofo (m)	**filozof** (m)	[filozóf]
economista (m)	**ekonomist** (m)	[ɛkonomíst]
inventor (m)	**shpikës** (m)	[ʃpíkəs]
desempleado (m)	**i papunë** (m)	[i papúnə]
jubilado (m)	**pensionist** (m)	[pɛnsioníst]
espía (m)	**spiun** (m)	[spiún]
prisionero (m)	**i burgosur** (m)	[i burgósur]
huelguista (m)	**grevist** (m)	[grɛvíst]
burócrata (m)	**burokrat** (m)	[burokrát]
viajero (m)	**udhëtar** (m)	[uðətár]
homosexual (m)	**homoseksual** (m)	[homosɛksuál]
hacker (m)	**haker** (m)	[hakér]
hippie (m)	**hipik** (m)	[hipík]
bandido (m)	**bandit** (m)	[bandít]
sicario (m)	**vrasës** (m)	[vrásəs]
drogadicto (m)	**narkoman** (m)	[narkomán]
narcotraficante (m)	**trafikant droge** (m)	[trafikánt drógɛ]
prostituta (f)	**prostitutë** (f)	[prostitútə]
chulo (m), proxeneta (m)	**tutor** (m)	[tutór]
brujo (m)	**magjistar** (m)	[maɟistár]
bruja (f)	**shtrigë** (f)	[ʃtrígə]
pirata (m)	**pirat** (m)	[pirát]
esclavo (m)	**skllav** (m)	[skłav]
samurai (m)	**samurai** (m)	[samurái]
salvaje (m)	**i egër** (m)	[i égər]

Los deportes

113. Tipos de deportes. Deportistas

deportista (m)	sportist (m)	[sportíst]
tipo (m) de deporte	lloj sporti (m)	[łoj spórti]
baloncesto (m)	basketboll (m)	[baskɛtbół]
baloncestista (m)	basketbollist (m)	[baskɛtbołíst]
béisbol (m)	bejsboll (m)	[bɛjsbół]
beisbolista (m)	lojtar bejsbolli (m)	[lojtár bɛjsbółi]
fútbol (m)	futboll (m)	[futbół]
futbolista (m)	futbollist (m)	[futbołíst]
portero (m)	portier (m)	[portiér]
hockey (m)	hokej (m)	[hokéj]
jugador (m) de hockey	lojtar hokeji (m)	[lojtár hokéji]
voleibol (m)	volejboll (m)	[volɛjbół]
voleibolista (m)	volejbollist (m)	[volɛjbołíst]
boxeo (m)	boks (m)	[boks]
boxeador (m)	boksier (m)	[boksiér]
lucha (f)	mundje (f)	[múndjɛ]
luchador (m)	mundës (m)	[múndəs]
kárate (m)	karate (f)	[karátɛ]
karateka (m)	karateist (m)	[karatɛíst]
judo (m)	xhudo (f)	[dʒúdo]
judoka (m)	xhudist (m)	[dʒudíst]
tenis (m)	tenis (m)	[tɛnís]
tenista (m)	tenist (m)	[tɛníst]
natación (f)	not (m)	[not]
nadador (m)	notar (m)	[notár]
esgrima (f)	skerma (f)	[skérma]
esgrimidor (m)	skermist (m)	[skɛrmíst]
ajedrez (m)	shah (m)	[ʃah]
ajedrecista (m)	shahist (m)	[ʃahíst]
alpinismo (m)	alpinizëm (m)	[alpinízəm]
alpinista (m)	alpinist (m)	[alpiníst]
carrera (f)	vrapim (m)	[vrapím]

corredor (m)	**vrapues** (m)	[vrapúɛs]
atletismo (m)	**atletikë** (f)	[atlɛtíkə]
atleta (m)	**atlet** (m)	[atlét]

deporte (m) hípico	**kalërim** (m)	[kalərím]
jinete (m)	**kalorës** (m)	[kalórəs]

patinaje (m) artístico	**patinazh** (m)	[patináʒ]
patinador (m)	**patinator** (m)	[patinatór]
patinadora (f)	**patinatore** (f)	[patinatórɛ]

levantamiento (m) de pesas	**peshëngritje** (f)	[pɛʃəɲrítjɛ]
levantador (m) de pesos	**peshëngritës** (m)	[pɛʃəɲrítəs]

carreras (f pl) de coches	**garë me makina** (f)	[gárə mɛ makína]
piloto (m) de carreras	**shofer garash** (m)	[ʃofér gáraʃ]

ciclismo (m)	**çiklizëm** (m)	[tʃiklízəm]
ciclista (m)	**çiklist** (m)	[tʃiklíst]

salto (m) de longitud	**kërcim së gjati** (m)	[kərtsím sə ɟáti]
salto (m) con pértiga	**kërcim së larti** (m)	[kərtsím sə lárti]
saltador (m)	**kërcyes** (m)	[kərtsýɛs]

114. Tipos de deportes. Miscelánea

fútbol (m) americano	**futboll amerikan** (m)	[futbóɫ amɛrikán]
bádminton (m)	**badminton** (m)	[bádminton]
biatlón (m)	**biatlon** (m)	[biatlón]
billar (m)	**bilardo** (f)	[bilárdo]

bobsleigh (m)	**bobsled** (m)	[bobsléd]
culturismo (m)	**bodybuilding** (m)	[bodybuildíɲ]
waterpolo (m)	**vaterpol** (m)	[vatɛrpól]
balonmano (m)	**hendboll** (m)	[hɛndbóɫ]
golf (m)	**golf** (m)	[golf]

remo (m)	**kanotazh** (m)	[kanotáʒ]
buceo (m)	**zhytje** (f)	[ʒýtjɛ]
esquí (m) de fondo	**skijim nordik** (m)	[skijím nordík]
tenis (m) de mesa	**ping pong** (m)	[piɲ póŋ]

vela (f)	**lundrim me vela** (m)	[lundrím mɛ véla]
rally (m)	**garë rally** (f)	[gárə ráty]
rugby (m)	**ragbi** (m)	[rágbi]
snowboarding (m)	**snoubord** (m)	[snoubórd]
tiro (m) con arco	**gjuajtje me hark** (f)	[ɟúajtjɛ mɛ hárk]

115. El gimnasio

barra (f) de pesas	**peshë** (f)	[péʃə]
pesas (f pl)	**gira** (f)	[gíra]

aparato (m) de ejercicios	makinë trajnimi (f)	[makínə trajními]
bicicleta (f) estática	biçikletë ushtrimesh (f)	[biʧiklétə uʃtrímɛʃ]
cinta (f) de correr	makinë vrapi (f)	[makínə vrápi]
barra (f) fija	tra horizontal (m)	[tra horizontál]
barras (f pl) paralelas	trarë paralele (pl)	[trárə paralélɛ]
potro (m)	kaluç (m)	[kalútʃ]
colchoneta (f)	tapet gjimnastike (m)	[tapét ɟimnastíkɛ]
comba (f)	litar kërcimi (m)	[litár kərtsími]
aeróbica (f)	aerobik (m)	[aɛrobík]
yoga (m)	joga (f)	[jóga]

116. Los deportes. Miscelánea

Juegos (m pl) Olímpicos	Lojërat Olimpike (pl)	[lójərat olimpíkɛ]
vencedor (m)	fitues (m)	[fitúɛs]
vencer (vi)	duke fituar	[dúkɛ fitúar]
ganar (vi)	fitoj	[fitój]
líder (m)	lider (m)	[lidér]
llevar la delantera	udhëheq	[uðəhéc]
primer puesto (m)	vendi i parë	[véndi i párə]
segundo puesto (m)	vendi i dytë	[véndi i dýtə]
tercer puesto (m)	vendi i tretë	[véndi i trétə]
medalla (f)	medalje (f)	[mɛdáljɛ]
trofeo (m)	trofe (f)	[trofé]
copa (f) (trofeo)	kupë (f)	[kúpə]
premio (m)	çmim (m)	[tʃmím]
premio (m) principal	çmimi i parë (m)	[tʃmími i párə]
record (m)	rekord (m)	[rɛkórd]
establecer un record	vendos rekord	[vɛndós rɛkórd]
final (m)	finale	[finálɛ]
de final (adj)	finale	[finálɛ]
campeón (m)	kampion (m)	[kampión]
campeonato (m)	kampionat (m)	[kampionát]
estadio (m)	stadium (m)	[stadiúm]
gradería (f)	tribunë (f)	[tribúnə]
hincha (m)	tifoz (m)	[tifóz]
adversario (m)	kundërshtar (m)	[kundərʃtár]
arrancadero (m)	start (m)	[start]
línea (f) de meta	cak (m)	[tsák]
derrota (f)	humbje (f)	[húmbjɛ]
perder (vi)	humb	[húmb]
árbitro (m)	arbitër (m)	[arbítər]
jurado (m)	juri (f)	[jurí]

cuenta (f)	**rezultat** (m)	[rɛzultát]
empate (m)	**barazim** (m)	[barazím]
empatar (vi)	**barazoj**	[barazój]
punto (m)	**pikë** (f)	[píkə]
resultado (m)	**rezultat** (m)	[rɛzultát]
tiempo (m)	**pjesë** (f)	[pjésə]
descanso (m)	**pushim** (m)	[puʃím]
droga (f), doping (m)	**doping** (m)	[dopíŋ]
penalizar (vt)	**penalizoj**	[pɛnalizój]
descalificar (vt)	**diskualifikoj**	[diskualifikój]
aparato (m)	**aparat** (m)	[aparát]
jabalina (f)	**hedhje e shtizës** (f)	[héðjɛ ɛ ʃtízəs]
peso (m) (lanzamiento de ~)	**gjyle** (f)	[ɟýlɛ]
bola (f) (billar, etc.)	**bile** (f)	[bílɛ]
objetivo (m)	**shënjestër** (f)	[ʃəɲéstər]
blanco (m)	**shënjestër** (f)	[ʃəɲéstər]
tirar (vi)	**qëlloj**	[cəɫój]
preciso (~ disparo)	**e saktë**	[ɛ sáktə]
entrenador (m)	**trajner** (m)	[trajnér]
entrenar (vt)	**stërvit**	[stərvít]
entrenarse (vr)	**stërvitem**	[stərvítɛm]
entrenamiento (m)	**trajnim** (m)	[trajním]
gimnasio (m)	**palestër** (f)	[paléstər]
ejercicio (m)	**ushtrime** (f)	[uʃtrímɛ]
calentamiento (m)	**ngrohje** (f)	[ŋróhjɛ]

La educación

117. La escuela

escuela (f)	shkollë (f)	[ʃkótə]
director (m) de escuela	drejtor shkolle (m)	[drɛjtór ʃkótɛ]
alumno (m)	nxënës (m)	[ndzə́nəs]
alumna (f)	nxënëse (f)	[ndzə́nəsɛ]
escolar (m)	nxënës (m)	[ndzə́nəs]
escolar (f)	nxënëse (f)	[ndzə́nəsɛ]
enseñar (vt)	jap mësim	[jap məsím]
aprender (ingles, etc.)	mësoj	[məsój]
aprender de memoria	mësoj përmendësh	[məsój pərméndəʃ]
aprender (a leer, etc.)	mësoj	[məsój]
estar en la escuela	jam në shkollë	[jam nə ʃkótə]
ir a la escuela	shkoj në shkollë	[ʃkoj nə ʃkótə]
alfabeto (m)	alfabet (m)	[alfabét]
materia (f)	lëndë (f)	[lə́ndə]
clase (f), aula (f)	klasë (f)	[klásə]
lección (f)	mësim (m)	[məsím]
recreo (m)	pushim (m)	[puʃím]
campana (f)	zile e shkollës (f)	[zílɛ ɛ ʃkótəs]
pupitre (m)	bankë e shkollës (f)	[bánkə ɛ ʃkótəs]
pizarra (f)	tabelë e zezë (f)	[tabélə ɛ zézə]
nota (f)	notë (f)	[nótə]
buena nota (f)	notë e mirë (f)	[nótə ɛ mírə]
mala nota (f)	notë e keqe (f)	[nótə ɛ kécɛ]
poner una nota	vendos notë	[vɛndós nótə]
falta (f)	gabim (m)	[gabím]
hacer faltas	bëj gabime	[bəj gabímɛ]
corregir (un error)	korrigjoj	[koriɟój]
chuleta (f)	kopje (f)	[kópjɛ]
deberes (m pl) de casa	detyrë shtëpie (f)	[dɛtýrə ʃtəpíɛ]
ejercicio (m)	ushtrim (m)	[uʃtrím]
estar presente	jam prezent	[jam prɛzént]
estar ausente	mungoj	[muŋój]
faltar a las clases	mungoj në shkollë	[muŋój nə ʃkótə]
castigar (vt)	ndëshkoj	[ndəʃkój]
castigo (m)	ndëshkim (m)	[ndəʃkím]
conducta (f)	sjellje (f)	[sjétjɛ]

libreta (f) de notas	**dëftesë** (f)	[dəftésə]
lápiz (f)	**laps** (m)	[láps]
goma (f) de borrar	**gomë** (f)	[gómə]
tiza (f)	**shkumës** (m)	[ʃkúməs]
cartuchera (f)	**portofol lapsash** (m)	[portofól lápsaʃ]

mochila (f)	**çantë shkolle** (f)	[tʃántə ʃkóɬɛ]
bolígrafo (m)	**stilolaps** (m)	[stiloláps]
cuaderno (m)	**fletore** (f)	[flɛtórɛ]
manual (m)	**tekst mësimor** (m)	[tɛkst məsimór]
compás (m)	**kompas** (m)	[kompás]

trazar (vi, vt)	**vizatoj**	[vizatój]
dibujo (m) técnico	**vizatim teknik** (m)	[vizatím tɛkník]

poema (m), poesía (f)	**poezi** (f)	[poɛzí]
de memoria (adv)	**përmendësh**	[pərméndəʃ]
aprender de memoria	**mësoj përmendësh**	[məsój pərméndəʃ]

vacaciones (f pl)	**pushimet e shkollës** (m)	[puʃímɛt ɛ ʃkóɬəs]
estar de vacaciones	**jam me pushime**	[jam mɛ puʃímɛ]
pasar las vacaciones	**kaloj pushimet**	[kalój puʃímɛt]

prueba (f) escrita	**test** (m)	[tɛst]
composición (f)	**ese** (f)	[ɛsé]
dictado (m)	**diktim** (m)	[diktím]
examen (m)	**provim** (m)	[provím]
hacer un examen	**kam provim**	[kam provím]
experimento (m)	**eksperiment** (m)	[ɛkspɛrimént]

118. Los institutos. La Universidad

academia (f)	**akademi** (f)	[akadɛmí]
universidad (f)	**universitet** (m)	[univɛrsitét]
facultad (f)	**fakultet** (m)	[fakultét]

estudiante (m)	**student** (m)	[studént]
estudiante (f)	**studente** (f)	[studéntɛ]
profesor (m)	**pedagog** (m)	[pɛdagóg]

aula (f)	**auditor** (m)	[auditór]
graduado (m)	**i diplomuar** (m)	[i diplomúar]

diploma (m)	**diplomë** (f)	[diplómə]
tesis (f) de grado	**disertacion** (m)	[disɛrtatsión]

estudio (m)	**studim** (m)	[studím]
laboratorio (m)	**laborator** (m)	[laboratór]

clase (f)	**leksion** (m)	[lɛksión]
compañero (m) de curso	**shok kursi** (m)	[ʃok kúrsi]

beca (f)	**bursë** (f)	[búrsə]
grado (m) académico	**diplomë akademike** (f)	[diplómə akadɛmíkɛ]

119. Las ciencias. Las disciplinas

matemáticas (f pl)	matematikë (f)	[matɛmatíkə]
álgebra (f)	algjebër (f)	[aljébər]
geometría (f)	gjeometri (f)	[ɟɛomɛtrí]
astronomía (f)	astronomi (f)	[astronomí]
biología (f)	biologji (f)	[bioloɟí]
geografía (f)	gjeografi (f)	[ɟɛografí]
geología (f)	gjeologji (f)	[ɟɛoloɟí]
historia (f)	histori (f)	[historí]
medicina (f)	mjekësi (f)	[mjɛkəsí]
pedagogía (f)	pedagogji (f)	[pɛdagoɟí]
derecho (m)	drejtësi (f)	[drɛjtəsí]
física (f)	fizikë (f)	[fizíkə]
química (f)	kimi (f)	[kimí]
filosofía (f)	filozofi (f)	[filozofí]
psicología (f)	psikologji (f)	[psikoloɟí]

120. Los sistemas de escritura. La ortografía

gramática (f)	gramatikë (f)	[gramatíkə]
vocabulario (m)	fjalor (m)	[fjalór]
fonética (f)	fonetikë (f)	[fonɛtíkə]
sustantivo (m)	emër (m)	[émər]
adjetivo (m)	mbiemër (m)	[mbiémər]
verbo (m)	folje (f)	[fóljɛ]
adverbio (m)	ndajfolje (f)	[ndajfóljɛ]
pronombre (m)	përemër (m)	[pərémər]
interjección (f)	pasthirrmë (f)	[pasθírmə]
preposición (f)	parafjalë (f)	[parafjálə]
raíz (f), radical (m)	rrënjë (f)	[réɲə]
desinencia (f)	fundore (f)	[fundórɛ]
prefijo (m)	parashtesë (f)	[paraʃtésə]
sílaba (f)	rrokje (f)	[rókjɛ]
sufijo (m)	prapashtesë (f)	[prapaʃtésə]
acento (m)	theks (m)	[θɛks]
apóstrofo (m)	apostrof (m)	[apostróf]
punto (m)	pikë (f)	[píkə]
coma (f)	presje (f)	[présjɛ]
punto y coma	pikëpresje (f)	[pikəprésjɛ]
dos puntos (m pl)	dy pika (f)	[dy píka]
puntos (m pl) suspensivos	tre pika (f)	[trɛ píka]
signo (m) de interrogación	pikëpyetje (f)	[pikəpýɛtjɛ]
signo (m) de admiración	pikëçuditje (f)	[pikətʃudítjɛ]

comillas (f pl)	thonjëza (f)	[θóɲəza]
entre comillas	në thonjëza	[nə θóɲəza]
paréntesis (m)	kllapa (f)	[kɫápa]
entre paréntesis	brenda kllapave	[brénda kɫápavɛ]

guión (m)	vizë ndarëse (f)	[vízə ndárəsɛ]
raya (f)	vizë (f)	[vízə]
blanco (m)	hapësirë (f)	[hapəsírə]

| letra (f) | shkronjë (f) | [ʃkróɲə] |
| letra (f) mayúscula | shkronjë e madhe (f) | [ʃkróɲə ɛ máðɛ] |

| vocal (f) | zanore (f) | [zanórɛ] |
| consonante (m) | bashkëtingëllore (f) | [baʃkətiŋəɫórɛ] |

oración (f)	fjali (f)	[fjalí]
sujeto (m)	kryefjalë (f)	[kryɛfjálə]
predicado (m)	kallëzues (m)	[kaɫəzúɛs]

línea (f)	rresht (m)	[réʃt]
en una nueva línea	rresht i ri	[réʃt i rí]
párrafo (m)	paragraf (m)	[paragráf]

palabra (f)	fjalë (f)	[fjálə]
combinación (f) de palabras	grup fjalësh (m)	[grup fjáləʃ]
expresión (f)	shprehje (f)	[ʃpréhjɛ]
sinónimo (m)	sinonim (m)	[sinoním]
antónimo (m)	antonim (m)	[antoním]

regla (f)	rregull (m)	[réguɫ]
excepción (f)	përjashtim (m)	[pərjaʃtím]
correcto (adj)	saktë	[sáktə]

conjugación (f)	lakim (m)	[lakím]
declinación (f)	rasë	[rásə]
caso (m)	rasë emërore (f)	[rásə ɛmərórɛ]
pregunta (f)	pyetje (f)	[pýɛtjɛ]
subrayar (vt)	nënvijëzoj	[nənvijəzój]
línea (f) de puntos	vijë me ndërprerje (f)	[víjə mɛ ndərprérjɛ]

121. Los idiomas extranjeros

lengua (f)	gjuhë (f)	[ɟúhə]
extranjero (adj)	huaj	[húaj]
lengua (f) extranjera	gjuhë e huaj (f)	[ɟúhə ɛ húaj]
estudiar (vt)	studioj	[studiój]
aprender (ingles, etc.)	mësoj	[məsój]

leer (vi, vt)	lexoj	[lɛdzój]
hablar (vi, vt)	flas	[flas]
comprender (vt)	kuptoj	[kuptój]
escribir (vt)	shkruaj	[ʃkrúaj]
rápidamente (adv)	shpejt	[ʃpɛjt]
lentamente (adv)	ngadalë	[ŋadálə]

con fluidez (adv)	rrjedhshëm	[rjéðʃəm]
reglas (f pl)	rregullat (pl)	[régułat]
gramática (f)	gramatikë (f)	[gramatíkə]
vocabulario (m)	fjalor (m)	[fjalór]
fonética (f)	fonetikë (f)	[fonɛtíkə]

manual (m)	tekst mësimor (m)	[tɛkst məsimór]
diccionario (m)	fjalor (m)	[fjalór]
manual (m) autodidáctico	libër i mësimit autodidakt (m)	[líbər i məsímit autodidákt]
guía (f) de conversación	libër frazeologjik (m)	[líbər frazɛoloɟík]

casete (m)	kasetë (f)	[kasétə]
videocasete (f)	videokasetë (f)	[vidɛokasétə]
CD (m)	CD (f)	[tsɛdé]
DVD (m)	DVD (m)	[dividí]

alfabeto (m)	alfabet (m)	[alfabét]
deletrear (vt)	gërmëzoj	[gərməzój]
pronunciación (f)	shqiptim (m)	[ʃciptím]

acento (m)	aksent (m)	[aksént]
con acento	me aksent	[mɛ aksént]
sin acento	pa aksent	[pa aksént]

| palabra (f) | fjalë (f) | [fjálə] |
| significado (m) | kuptim (m) | [kuptím] |

cursos (m pl)	kurs (m)	[kurs]
inscribirse (vr)	regjistrohem	[rɛɟistróhɛm]
profesor (m) (~ de inglés)	mësues (m)	[məsúɛs]

traducción (f) (proceso)	përkthim (m)	[pərkθím]
traducción (f) (texto)	përkthim (m)	[pərkθím]
traductor (m)	përkthyes (m)	[pərkθýɛs]
intérprete (m)	përkthyes (m)	[pərkθýɛs]

| polígota (m) | poliglot (m) | [poliglót] |
| memoria (f) | kujtesë (f) | [kujtésə] |

122. Los personajes de los cuentos de hadas

Papá Noel (m)	Santa Klaus (m)	[sánta kláus]
Cenicienta	Hirushja (f)	[hirúʃja]
sirena (f)	sirenë (f)	[sirénə]
Neptuno (m)	Neptuni (m)	[nɛptúni]

mago (m)	magjistar (m)	[maɟistár]
maga (f)	zanë (f)	[zánə]
mágico (adj)	magjike	[maɟíkɛ]
varita (f) mágica	shkop magjik (m)	[ʃkop maɟík]

| cuento (m) de hadas | përrallë (f) | [pərátə] |
| milagro (m) | mrekulli (f) | [mrɛkutí] |

| enano (m) | xhuxh (m) | [dʒudʒ] |
| transformarse en ... | shndërrohem ... | [ʃndəróhɛm ...] |

espíritu (m) (fantasma)	fantazmë (f)	[fantázmə]
fantasma (m)	fantazmë (f)	[fantázmə]
monstruo (m)	bishë (f)	[bíʃə]
dragón (m)	dragua (m)	[dragúa]
gigante (m)	gjigant (m)	[ɟigánt]

123. Los signos de zodiaco

Aries (m)	Dashi (m)	[dáʃi]
Tauro (m)	Demi (m)	[démi]
Géminis (m pl)	Binjakët (pl)	[biɲákət]
Cáncer (m)	Gaforrja (f)	[gafórja]
Leo (m)	Luani (m)	[luáni]
Virgo (m)	Virgjëresha (f)	[virɟəréʃa]

Libra (f)	Peshorja (f)	[pɛʃórja]
Escorpio (m)	Akrepi (m)	[akrépi]
Sagitario (m)	Shigjetari (m)	[ʃiɟɛtári]
Capricornio (m)	Bricjapi (m)	[britsjápi]
Acuario (m)	Ujori (m)	[ujóri]
Piscis (m pl)	Peshqit (pl)	[péʃcit]

carácter (m)	karakter (m)	[karaktér]
rasgos (m pl) de carácter	tipare të karakterit (pl)	[tipárɛ tə karaktérit]
conducta (f)	sjellje (f)	[sjéɬjɛ]
decir la buenaventura	parashikoj fatin	[paraʃikój fátin]
adivinadora (f)	lexuese e fatit (f)	[lɛdzúɛsɛ ɛ fátit]
horóscopo (m)	horoskop (m)	[horoskóp]

El arte

124. El teatro

teatro (m)	teatër (m)	[tɛátər]
ópera (f)	operë (f)	[opérə]
opereta (f)	operetë (f)	[opɛrétə]
ballet (m)	balet (m)	[balét]

cartelera (f)	afishe teatri (f)	[afíʃɛ tɛátri]
compañía (f) de teatro	trupë teatrale (f)	[trúpə tɛatrálɛ]
gira (f) artística	turne (f)	[turné]
hacer una gira artística	jam në turne	[jam nə turné]
ensayar (vi, vt)	bëj prova	[bəj próva]
ensayo (m)	provë (f)	[próvə]
repertorio (m)	repertor (m)	[rɛpɛrtór]

representación (f)	shfaqje (f)	[ʃfácjɛ]
espectáculo (m)	shfaqje teatrale (f)	[ʃfácjɛ tɛatrálɛ]
pieza (f) de teatro	dramë (f)	[drámə]

billet (m)	biletë (f)	[bilétə]
taquilla (f)	zyrë e shitjeve të biletave (f)	[zýrə ɛ ʃítjɛvɛ tə bilétavɛ]
vestíbulo (m)	holl (m)	[hoɫ]
guardarropa (f)	dhoma e xhaketave (f)	[ðóma ɛ dʒakétavɛ]
ficha (f) de guardarropa	numri i xhaketës (m)	[númri i dʒakétəs]
gemelos (m pl)	dylbi (f)	[dylbí]
acomodador (m)	portier (m)	[portiér]

patio (m) de butacas	plato (f)	[plató]
balconcillo (m)	ballkon (m)	[baɫkón]
entresuelo (m)	galeria e parë (f)	[galɛría ɛ párə]
palco (m)	lozhë (f)	[lóʒə]
fila (f)	rresht (m)	[réʃt]
asiento (m)	karrige (f)	[karígɛ]

público (m)	publiku (m)	[publíku]
espectador (m)	spektator (m)	[spɛktatór]
aplaudir (vi, vt)	duartrokas	[duartrokás]
aplausos (m pl)	duartrokitje (f)	[duartrokítjɛ]
ovación (f)	brohoritje (f)	[brohorítjɛ]

escenario (m)	skenë (f)	[skénə]
telón (m)	perde (f)	[pérdɛ]
decoración (f)	skenografi (f)	[skɛnografí]
bastidores (m pl)	prapaskenë (f)	[prapaskénə]

escena (f)	skenë (f)	[skénə]
acto (m)	akt (m)	[ákt]
entreacto (m)	pushim (m)	[puʃím]

125. El cine

| actor (m) | aktor (m) | [aktór] |
| actriz (f) | aktore (f) | [aktóre] |

cine (m) (industria)	kinema (f)	[kinɛmá]
película (f)	film (m)	[film]
episodio (m)	episod (m)	[ɛpisód]

película (f) policíaca	triller (m)	[triɫér]
película (f) de acción	aksion (m)	[aksión]
película (f) de aventura	aventurë (f)	[avɛntúrə]
película (f) de ciencia ficción	fanta-shkencë (f)	[fánta-ʃkéntsə]
película (f) de horror	film horror (m)	[fílm horór]

película (f) cómica	komedi (f)	[komɛdí]
melodrama (m)	melodramë (f)	[mɛlodrámə]
drama (m)	dramë (f)	[drámə]

película (f) de ficción	film fiktiv (m)	[fílm fiktív]
documental (m)	dokumentar (m)	[dokumɛntár]
dibujos (m pl) animados	film vizatimor (m)	[fílm vizatimór]
cine (m) mudo	filma pa zë (m)	[fílma pa zə]

papel (m)	rol (m)	[rol]
papel (m) principal	rol kryesor (m)	[rol kryɛsór]
interpretar (vt)	luaj	[lúaj]

estrella (f) de cine	yll kinemaje (m)	[yɫ kinɛmájɛ]
conocido (adj)	i njohur	[i ɲóhur]
famoso (adj)	i famshëm	[i fámʃəm]
popular (adj)	popullor	[popuɫór]

guión (m) de cine	skenar (m)	[skɛnár]
guionista (m)	skenarist (m)	[skɛnaríst]
director (m) de cine	regjisor (m)	[rɛɟisór]
productor (m)	producent (m)	[produtsént]
asistente (m)	ndihmës (m)	[ndíhməs]
operador (m)	kameraman (m)	[kamɛramán]
doble (m) de riesgo	dubla (f)	[dúbla]
doble (m)	dubla (f)	[dúbla]

filmar una película	xhiroj film	[dʒirój film]
audición (f)	provë (f)	[próvə]
rodaje (m)	xhirim (m)	[dʒirím]
equipo (m) de rodaje	ekip kinematografik (m)	[ɛkíp kinɛmatografík]
plató (m) de rodaje	set kinematografik (m)	[sɛt kinɛmatografík]
cámara (f)	kamerë (f)	[kamérə]

cine (m) (iremos al ~)	kinema (f)	[kinɛmá]
pantalla (f)	ekran (m)	[ɛkrán]
mostrar la película	shfaq film	[ʃfac film]

| pista (f) sonora | muzikë e filmit (f) | [muzíkə ɛ filmit] |
| efectos (m pl) especiales | efekte speciale (pl) | [ɛféktɛ spɛtsiálɛ] |

subtítulos (m pl)	titra (pl)	[títra]
créditos (m pl)	lista e pjesëmarrësve (f)	[lísta ɛ pjɛsəmárəsvɛ]
traducción (f)	përkthim (m)	[pərkθím]

126. La pintura

arte (m)	art (m)	[art]
bellas artes (f pl)	artet e bukura (pl)	[ártɛt ɛ búkura]
galería (f) de arte	galeri arti (f)	[galɛrí árti]
exposición (f) de arte	ekspozitë (f)	[ɛkspozítə]

pintura (f)	pikturë (f)	[piktúrə]
gráfica (f)	art grafik (m)	[árt grafík]
abstraccionismo (m)	art abstrakt (m)	[árt abstrákt]
impresionismo (m)	impresionizëm (m)	[imprɛsionízəm]

pintura (f)	pikturë (f)	[piktúrə]
dibujo (m)	vizatim (m)	[vizatím]
pancarta (f)	poster (m)	[postér]

ilustración (f)	ilustrim (m)	[ilustrím]
miniatura (f)	miniaturë (f)	[miniatúrə]
copia (f)	kopje (f)	[kópjɛ]
reproducción (f)	riprodhim (m)	[riproðím]

mosaico (m)	mozaik (m)	[mozaík]
vidriera (f)	pikturë në dritare (f)	[piktúrə nə dritárɛ]
fresco (m)	afresk (m)	[afrésk]
grabado (m)	gravurë (f)	[gravúrə]

busto (m)	bust (m)	[búst]
escultura (f)	skulpturë (f)	[skulptúrə]
estatua (f)	statujë (f)	[statújə]
yeso (m)	allçi (f)	[ałtʃí]
en yeso (adj)	me allçi	[mɛ ałtʃí]

retrato (m)	portret (m)	[portrét]
autorretrato (m)	autoportret (m)	[autoportrét]
paisaje (m)	peizazh (m)	[pɛizáʒ]
naturaleza (f) muerta	natyrë e qetë (f)	[natýrə ɛ cétə]
caricatura (f)	karikaturë (f)	[karikatúrə]
boceto (m)	skicë (f)	[skítsə]

pintura (f)	bojë (f)	[bójə]
acuarela (f)	bojë uji (f)	[bójə úji]
óleo (m)	bojë vaji (f)	[bójə váji]
lápiz (f)	laps (m)	[láps]
tinta (f) china	bojë stilografi (f)	[bójə stilográfi]
carboncillo (m)	karbon (m)	[karbón]

dibujar (vi, vt)	vizatoj	[vizatój]
pintar (vi, vt)	pikturoj	[pikturój]
posar (vi)	pozoj	[pozój]
modelo (m)	model (m)	[modél]

modelo (f)	modele (f)	[modélɛ]
pintor (m)	piktor (m)	[piktór]
obra (f) de arte	vepër arti (f)	[vépər árti]
obra (f) maestra	kryevepër (f)	[kryɛvépər]
estudio (m) (de un artista)	studio (f)	[stúdio]

lienzo (m)	kanavacë (f)	[kanavátsə]
caballete (m)	këmbalec (m)	[kəmbaléts]
paleta (f)	paletë (f)	[palétə]

marco (m)	kornizë (f)	[kornízə]
restauración (f)	restaurim (m)	[rɛstaurím]
restaurar (vt)	restauroj	[rɛstaurój]

127. La literatura y la poesía

literatura (f)	letërsi (f)	[lɛtərsí]
autor (m) (escritor)	autor (m)	[autór]
seudónimo (m)	pseudonim (m)	[psɛudoním]

libro (m)	libër (m)	[líbər]
tomo (m)	vëllim (m)	[vəɬím]
tabla (f) de contenidos	tabela e përmbajtjes (f)	[tabéla ɛ pərmbájtjɛs]
página (f)	faqe (f)	[fácɛ]
héroe (m) principal	personazhi kryesor (m)	[pɛrsonáʒi kryɛsór]
autógrafo (m)	autograf (m)	[autográf]

relato (m) corto	tregim i shkurtër (m)	[trɛgím i ʃkúrtər]
cuento (m)	novelë (f)	[novélə]
novela (f)	roman (m)	[román]
obra (f) literaria	vepër (m)	[vépər]
fábula (f)	fabula (f)	[fábula]
novela (f) policíaca	roman policesk (m)	[román politsésk]

verso (m)	vjershë (f)	[vjérʃə]
poesía (f)	poezi (f)	[poɛzí]
poema (f)	poemë (f)	[poémə]
poeta (m)	poet (m)	[poét]

bellas letras (f pl)	trillim (m)	[tritím]
ciencia ficción (f)	fanta-shkencë (f)	[fánta-ʃkéntsə]
aventuras (f pl)	aventurë (f)	[avɛntúrə]
literatura (f) didáctica	letërsi edukative (f)	[lɛtərsí ɛdukatívɛ]
literatura (f) infantil	letërsi për fëmijë (f)	[lɛtərsí pər fəmíjə]

128. El circo

circo (m)	cirk (m)	[tsírk]
circo (m) ambulante	cirk udhëtues (m)	[tsírk uðətúɛs]
programa (m)	program (m)	[prográm]
representación (f)	shfaqje (f)	[ʃfácjɛ]
número (m)	akt (m)	[ákt]

arena (f)	arenë cirku (f)	[arénə tsírku]
pantomima (f)	pantomimë (f)	[pantomímə]
payaso (m)	kloun (m)	[kloún]

acróbata (m)	akrobat (m)	[akrobát]
acrobacia (f)	akrobaci (f)	[akrobatsí]
gimnasta (m)	gjimnast (m)	[ɟimnást]
gimnasia (f)	gjimnastikë (f)	[ɟimnastíkə]
salto (m)	salto (f)	[sálto]

forzudo (m)	atlet (m)	[atlét]
domador (m)	zbutës (m)	[zbútəs]
caballista (m)	kalorës (m)	[kalórəs]
asistente (m)	ndihmës (m)	[ndíhməs]

truco (m)	akrobaci (f)	[akrobatsí]
truco (m) de magia	truk magjik (m)	[truk maɟík]
ilusionista (m)	magjistar (m)	[maɟistár]

malabarista (m)	zhongler (m)	[ʒoŋlér]
hacer malabarismos	luaj	[lúaj]
amaestrador (m)	zbutës kafshësh (m)	[zbútəs káfʃəʃ]
amaestramiento (m)	zbutje kafshësh (f)	[zbútjɛ káfʃəʃ]
amaestrar (vt)	stërvit	[stərvít]

129. La música. La música popular

música (f)	muzikë (f)	[muzíkə]
músico (m)	muzikant (m)	[muzikánt]
instrumento (m) musical	instrument muzikor (m)	[instrumént muzikór]
tocar …	i bie …	[i bíɛ …]

guitarra (f)	kitarë (f)	[kitárə]
violín (m)	violinë (f)	[violínə]
violonchelo (m)	violonçel (m)	[violontʃél]
contrabajo (m)	kontrabas (m)	[kontrabás]
arpa (f)	lira (f)	[líra]

piano (m)	piano (f)	[piáno]
piano (m) de cola	pianoforte (f)	[pianofórtɛ]
órgano (m)	organo (f)	[orgáno]

instrumentos (m pl) de viento	instrumente frymore (pl)	[instruméntɛ frymórɛ]
oboe (m)	oboe (f)	[obóɛ]
saxofón (m)	saksofon (m)	[saksofón]
clarinete (m)	klarinetë (f)	[klarinétə]
flauta (f)	flaut (m)	[flaút]
trompeta (f)	trombë (f)	[trómbə]

acordeón (m)	fizarmonikë (f)	[fizarmoníkə]
tambor (m)	daulle (f)	[daúɫɛ]

dúo (m)	duet (m)	[duét]
trío (m)	trio (f)	[trío]

cuarteto (m)	kuartet (m)	[kuartét]
coro (m)	kor (m)	[kor]
orquesta (f)	orkestër (f)	[orkéstər]
música (f) pop	muzikë pop (f)	[muzíkə pop]
música (f) rock	muzikë rok (m)	[muzíkə rok]
grupo (m) de rock	grup rok (m)	[grup rók]
jazz (m)	xhaz (m)	[dʒaz]
ídolo (m)	idhull (m)	[íðuɬ]
admirador (m)	admirues (m)	[admirúɛs]
concierto (m)	koncert (m)	[kontsért]
sinfonía (f)	simfoni (f)	[simfoní]
composición (f)	kompozicion (m)	[kompozitsión]
escribir (vt)	kompozoj	[kompozój]
canto (m)	këndim (m)	[kəndím]
canción (f)	këngë (f)	[kéŋə]
melodía (f)	melodi (f)	[mɛlodí]
ritmo (m)	ritëm (m)	[rítəm]
blues (m)	bluz (m)	[blúz]
notas (f pl)	partiturë (f)	[partitúrə]
batuta (f)	shkopi i dirigjimit (m)	[ʃkopi i diriɟímit]
arco (m)	hark (m)	[hárk]
cuerda (f)	tel (m)	[tɛl]
estuche (m)	kuti (f)	[kutí]

Los restaurantes. El entretenimiento. El viaje

130. El viaje. Viajar

turismo (m)	**turizëm** (m)	[turízəm]
turista (m)	**turist** (m)	[turíst]
viaje (m)	**udhëtim** (m)	[uðətím]
aventura (f)	**aventurë** (f)	[avɛntúrə]
viaje (m)	**udhëtim** (m)	[uðətím]
vacaciones (f pl)	**pushim** (m)	[puʃím]
estar de vacaciones	**jam me pushime**	[jam mɛ puʃímɛ]
descanso (m)	**pushim** (m)	[puʃím]
tren (m)	**tren** (m)	[trɛn]
en tren	**me tren**	[mɛ trén]
avión (m)	**avion** (m)	[avión]
en avión	**me avion**	[mɛ avión]
en coche	**me makinë**	[mɛ makínə]
en barco	**me anije**	[mɛ aníjɛ]
equipaje (m)	**bagazh** (m)	[bagáʒ]
maleta (f)	**valixhe** (f)	[valídʒɛ]
carrito (m) de equipaje	**karrocë bagazhesh** (f)	[karótsə bagáʒɛʃ]
pasaporte (m)	**pasaportë** (f)	[pasapórtə]
visado (m)	**vizë** (f)	[vízə]
billete (m)	**biletë** (f)	[bilétə]
billete (m) de avión	**biletë avioni** (f)	[bilétə avióni]
guía (f) (libro)	**guidë turistike** (f)	[guídə turistíkɛ]
mapa (m)	**hartë** (f)	[hártə]
área (m) (~ rural)	**zonë** (f)	[zónə]
lugar (m)	**vend** (m)	[vɛnd]
exotismo (m)	**ekzotikë** (f)	[ɛkzotíkə]
exótico (adj)	**ekzotik**	[ɛkzotík]
asombroso (adj)	**mahnitëse**	[mahnítəsɛ]
grupo (m)	**grup** (m)	[grup]
excursión (f)	**ekskursion** (m)	[ɛkskursión]
guía (m) (persona)	**udhërrëfyes** (m)	[uðərəfýɛs]

131. El hotel

hotel (m), motel (m)	**hotel** (m)	[hotél]
motel (m)	**motel** (m)	[motél]
de tres estrellas	**me tre yje**	[mɛ trɛ ýjɛ]

de cinco estrellas	me pesë yje	[mɛ pésə ýjɛ]
hospedarse (vr)	qëndroj	[cəndrój]
habitación (f)	dhomë (f)	[ðómə]
habitación (f) individual	dhomë teke (f)	[ðómə tékɛ]
habitación (f) doble	dhomë dyshe (f)	[ðómə dýʃɛ]
reservar una habitación	rezervoj një dhomë	[rɛzɛrvój ɲə ðómə]
media pensión (f)	gjysmë-pension (m)	[ɟýsmə-pɛnsión]
pensión (f) completa	pension i plotë (m)	[pɛnsión i plótə]
con baño	me banjo	[mɛ báɲo]
con ducha	me dush	[mɛ dúʃ]
televisión (f) satélite	televizor satelitor (m)	[tɛlɛvizór satɛlitór]
climatizador (m)	kondicioner (m)	[konditsionér]
toalla (f)	peshqir (m)	[pɛʃcír]
llave (f)	çelës (m)	[tʃéləs]
administrador (m)	administrator (m)	[administratór]
camarera (f)	pastruese (f)	[pastrúɛsɛ]
maletero (m)	portier (m)	[portiér]
portero (m)	portier (m)	[portiér]
restaurante (m)	restorant (m)	[rɛstoránt]
bar (m)	pab (m), pijetore (f)	[pab], [pijɛtórɛ]
desayuno (m)	mëngjes (m)	[mənɟés]
cena (f)	darkë (f)	[dárkə]
buffet (m) libre	bufe (f)	[bufé]
vestíbulo (m)	holl (m)	[hoɬ]
ascensor (m)	ashensor (m)	[aʃɛnsór]
NO MOLESTAR	MOS SHQETËSONI	[mos ʃcɛtəsóni]
PROHIBIDO FUMAR	NDALOHET DUHANI	[ndalóhɛt duháni]

132. Los libros. La lectura

libro (m)	libër (m)	[líbər]
autor (m)	autor (m)	[autór]
escritor (m)	shkrimtar (m)	[ʃkrimtár]
escribir (~ un libro)	shkruaj	[ʃkrúaj]
lector (m)	lexues (m)	[lɛdzúɛs]
leer (vi, vt)	lexoj	[lɛdzój]
lectura (f)	lexim (m)	[lɛdzím]
en silencio	pa zë	[pa zə]
en voz alta	me zë	[mɛ zə]
editar (vt)	botoj	[botój]
edición (f) (~ de libros)	botim (m)	[botím]
editor (m)	botues (m)	[botúɛs]
editorial (f)	shtëpi botuese (f)	[ʃtəpí botúɛsɛ]
salir (libro)	botohet	[botóhɛt]

salida (f) (de un libro)	botim (m)	[botím]
tirada (f)	edicion (m)	[ɛditsión]
librería (f)	librari (f)	[librarí]
biblioteca (f)	bibliotekë (f)	[bibliotékə]
cuento (m)	novelë (f)	[novélə]
relato (m) corto	tregim i shkurtër (m)	[trɛgím i ʃkúrtər]
novela (f)	roman (m)	[román]
novela (f) policíaca	roman policesk (m)	[román politsésk]
memorias (f pl)	kujtime (pl)	[kujtímɛ]
leyenda (f)	legjendë (f)	[lɛɟéndə]
mito (m)	mit (m)	[mit]
versos (m pl)	poezi (f)	[poɛzí]
autobiografía (f)	autobiografi (f)	[autobiografí]
obras (f pl) escogidas	vepra të zgjedhura (f)	[vépra tə zɟéðura]
ciencia ficción (f)	fanta-shkencë (f)	[fánta-ʃkéntsə]
título (m)	titull (m)	[títuɫ]
introducción (f)	hyrje (f)	[hýrjɛ]
portada (f)	faqe e titullit (f)	[fácɛ ɛ títuɫit]
capítulo (m)	kreu (m)	[kréu]
extracto (m)	ekstrakt (m)	[ɛkstrákt]
episodio (m)	episod (m)	[ɛpisód]
sujeto (m)	fabul (f)	[fábul]
contenido (m)	përmbajtje (f)	[pərmbájtjɛ]
tabla (f) de contenidos	tabela e përmbajtjes (f)	[tabéla ɛ pərmbájtjɛs]
héroe (m) principal	personazhi kryesor (m)	[pɛrsonáʒi kryɛsór]
tomo (m)	vëllim (m)	[vəɫím]
cubierta (f)	kopertinë (f)	[kopɛrtínə]
encuadernado (m)	libërlidhje (f)	[libərlíðjɛ]
marcador (m) de libro	shënjim (m)	[ʃəɲím]
página (f)	faqe (f)	[fácɛ]
hojear (vt)	kaloj faqet	[kalój fácɛt]
márgenes (m pl)	margjinat (pl)	[marɟínat]
anotación (f)	shënim (m)	[ʃəním]
nota (f) a pie de página	fusnotë (f)	[fusnótə]
texto (m)	tekst (m)	[tɛkst]
fuente (f)	lloji i shkrimit (m)	[ɫóji i ʃkrímit]
errata (f)	gabim ortografik (m)	[gabím ortografík]
traducción (f)	përkthim (m)	[pərkθím]
traducir (vt)	përkthej	[pərkθéj]
original (m)	origjinal (m)	[oriɟinál]
famoso (adj)	i famshëm	[i fámʃəm]
desconocido (adj)	i panjohur	[i paɲóhur]
interesante (adj)	interesant	[intɛrɛsánt]
best-seller (m)	libër më i shitur (m)	[líbər mə i ʃítur]

diccionario (m)	fjalor (m)	[fjalór]
manual (m)	tekst mësimor (m)	[tɛkst məsimór]
enciclopedia (f)	enciklopedi (f)	[ɛntsiklopɛdí]

133. La caza. La pesca

caza (f)	gjueti (f)	[ɉuɛtí]
cazar (vi, vt)	dal për gjah	[dál pər ɉáh]
cazador (m)	gjahtar (m)	[ɉahtár]
tirar (vi)	qëlloj	[cəɫój]
fusil (m)	pushkë (f)	[púʃkə]
cartucho (m)	fishek (m)	[fiʃék]
perdigón (m)	plumb (m)	[plúmb]
cepo (m)	grackë (f)	[grátskə]
trampa (f)	kurth (m)	[kurθ]
caer en la trampa	bie në grackë	[bíɛ nə grátskə]
poner una trampa	ngre grackë	[ŋré grátskə]
cazador (m) furtivo	gjahtar i jashtëligjshëm (m)	[ɉahtár i jaʃtəlíɉʃəm]
caza (f) menor	gjah (m)	[ɉáh]
perro (m) de caza	zagar (m)	[zagár]
safari (m)	safari (m)	[safári]
animal (m) disecado	kafshë e balsamosur (f)	[káfʃə ɛ balsamósur]
pescador (m)	peshkatar (m)	[pɛʃkatár]
pesca (f)	peshkim (m)	[pɛʃkím]
pescar (vi)	peshkoj	[pɛʃkój]
caña (f) de pescar	kallam peshkimi (m)	[kaɫám pɛʃkími]
sedal (m)	tojë peshkimi (f)	[tójə pɛʃkími]
anzuelo (m)	grep (m)	[grép]
flotador (m)	tapë (f)	[tápə]
cebo (m)	karrem (m)	[karém]
lanzar el anzuelo	hedh grepin	[hɛð grépin]
picar (vt)	bie në grep	[bíɛ nə grép]
pesca (f) (lo pescado)	kapje peshku (f)	[kápjɛ péʃku]
agujero (m) en el hielo	vrimë në akull (f)	[vrímə nə ákuɫ]
red (f)	rrjetë peshkimi (f)	[rjétə pɛʃkími]
barca (f)	varkë (f)	[várkə]
pescar con la red	peshkoj me rrjeta	[pɛʃkój mɛ rjéta]
tirar la red	hedh rrjetat	[hɛð rjétat]
sacar la red	tërheq rrjetat	[tərhéc rjétat]
caer en la red	bie në rrjetë	[bíɛ nə rjétə]
ballenero (m) (persona)	gjuetar balenash (m)	[ɉuɛtár balénaʃ]
ballenero (m) (barco)	balenagjuajtëse (f)	[balɛnaɉúajtəsɛ]
arpón (m)	fuzhnjë (f)	[fúʒɲə]

134. Los juegos. El billar

billar (m)	bilardo (f)	[bilárdo]
sala (f) de billar	sallë bilardosh (f)	[sátə bilárdoʃ]
bola (f) de billar	bile (f)	[bílɛ]
entronerar la bola	fus në vrimë	[fús nə vrímə]
taco (m)	stekë (f)	[stékə]
tronera (f)	xhep (m), vrimë (f)	[dʒɛp], [vrímə]

135. Los juegos. Las cartas

cuadrados (m pl)	karo (f)	[káro]
picas (f pl)	maç (m)	[matʃ]
corazones (m pl)	kupë (f)	[kúpə]
tréboles (m pl)	spathi (m)	[spáθi]
as (m)	as (m)	[ás]
rey (m)	mbret (m)	[mbrét]
dama (f)	mbretëreshë (f)	[mbrɛtəréʃə]
sota (f)	fant (m)	[fant]
carta (f)	letër (f)	[létər]
cartas (f pl)	letrat (pl)	[létrat]
triunfo (m)	letër e fortë (f)	[létər ɛ fórtə]
baraja (f)	set letrash (m)	[sɛt létraʃ]
punto (m)	pikë (f)	[píkə]
dar (las cartas)	ndaj	[ndáj]
barajar (vt)	përziej	[pərzíɛj]
jugada (f)	radha (f)	[ráða]
fullero (m)	mashtrues (m)	[maʃtrúɛs]

136. El descanso. Los juegos. Miscelánea

pasear (vi)	shëtitem	[ʃətítɛm]
paseo (m) (caminata)	shëtitje (f)	[ʃətítjɛ]
paseo (m) (en coche)	xhiro me makinë (f)	[dʒíro mɛ makínə]
aventura (f)	aventurë (f)	[avɛntúrə]
picnic (m)	piknik (m)	[pikník]
juego (m)	lojë (f)	[lójə]
jugador (m)	lojtar (m)	[lojtár]
partido (m)	një lojë (f)	[ɲə lójə]
coleccionista (m)	koleksionist (m)	[kolɛksioníst]
coleccionar (vt)	koleksionoj	[kolɛksionój]
colección (f)	koleksion (m)	[kolɛksión]
crucigrama (m)	fjalëkryq (m)	[fjaləkrýc]
hipódromo (m)	hipodrom (m)	[hipodróm]

discoteca (f)	disko (f)	[dísko]
sauna (f)	sauna (f)	[saúna]
lotería (f)	lotari (f)	[lotarí]

marcha (f)	kamping (m)	[kampíŋ]
campo (m)	kamp (m)	[kamp]
tienda (f) de campaña	çadër kampingu (f)	[tʃádər kampíŋu]
brújula (f)	kompas (m)	[kompás]
campista (m)	kampinist (m)	[kampiníst]

ver (la televisión)	shikoj	[ʃikój]
telespectador (m)	teleshikues (m)	[tɛlɛʃikúɛs]
programa (m) de televisión	program televiziv (m)	[prográm tɛlɛvizív]

137. La fotografía

cámara (f) fotográfica	aparat fotografik (m)	[aparát fotografík]
fotografía (f) (una foto)	foto (f)	[fóto]

fotógrafo (m)	fotograf (m)	[fotográf]
estudio (m) fotográfico	studio fotografike (f)	[stúdio fotografíkɛ]
álbum (m) de fotos	album fotografik (m)	[albúm fotografík]

objetivo (m)	objektiv (m)	[objɛktív]
teleobjetivo (m)	teleobjektiv (m)	[tɛlɛobjɛktív]
filtro (m)	filtër (m)	[fíltər]
lente (m)	lente (f)	[léntɛ]

óptica (f)	optikë (f)	[optíkə]
diafragma (m)	diafragma (f)	[diafrágma]
tiempo (m) de exposición	koha e ekspozimit (f)	[kóha ɛ ɛkspozímit]
visor (m)	tregues i kuadrit (m)	[trɛgúɛs i kuádrit]

cámara (f) digital	kamerë digjitale (f)	[kamérə diɟitálɛ]
trípode (m)	tripod (m)	[tripód]
flash (m)	blic (m)	[blits]

fotografiar (vt)	fotografoj	[fotografój]
hacer fotos	bëj foto	[bəj fóto]
fotografiarse (vr)	bëj fotografi	[bəj fotografí]

foco (m)	fokus (m)	[fokús]
enfocar (vt)	fokusoj	[fokusój]
nítido (adj)	i qartë	[i cártə]
nitidez (f)	qartësi (f)	[cartəsí]

contraste (m)	kontrast (m)	[kontrást]
contrastante (adj)	me kontrast	[mɛ kontrást]

foto (f)	foto (f)	[fóto]
negativo (m)	negativ (m)	[nɛgatív]
película (f) fotográfica	film negativash (m)	[fílm nɛgatívaʃ]
fotograma (m)	imazh (m)	[imáʒ]
imprimir (vt)	printoj	[printój]

138. La playa. La natación

playa (f)	plazh (m)	[plaʒ]
arena (f)	rërë (f)	[rə́rə]
desierto (playa ~a)	plazh i shkretë	[plaʒ i ʃkrétə]
bronceado (m)	nxirje nga dielli (f)	[ndzírjɛ ŋa díɛɫi]
broncearse (vr)	nxihem	[ndzíhɛm]
bronceado (adj)	i nxirë	[i ndzírə]
protector (m) solar	krem dielli (f)	[krɛm díɛɫi]
bikini (m)	bikini (m)	[bikíni]
traje (m) de baño	rrobë banje (f)	[róbə báɲɛ]
bañador (m)	mbathje banjo (f)	[mbáθjɛ báɲo]
piscina (f)	pishinë (f)	[piʃínə]
nadar (vi)	notoj	[notój]
ducha (f)	dush (m)	[duʃ]
cambiarse (vr)	ndërroj	[ndərój]
toalla (f)	peshqir (m)	[pɛʃcír]
barca (f)	varkë (f)	[várkə]
lancha (f) motora	skaf (m)	[skaf]
esquís (m pl) acuáticos	ski ujor (m)	[ski ujór]
bicicleta (f) acuática	varkë me pedale (f)	[várkə mɛ pɛdálɛ]
surf (m)	surf (m)	[surf]
surfista (m)	surfist (m)	[surfíst]
equipo (m) de buceo	komplet për skuba (f)	[komplét pər skúba]
aletas (f pl)	këmbale noti (pl)	[kəmbálɛ nóti]
máscara (f) de buceo	maskë (f)	[máskə]
buceador (m)	zhytës (m)	[ʒýtəs]
bucear (vi)	zhytem	[ʒýtɛm]
bajo el agua (adv)	nën ujë	[nən újə]
sombrilla (f)	çadër plazhi (f)	[tʃádər pláʒi]
tumbona (f)	shezlong (m)	[ʃezlóŋ]
gafas (f pl) de sol	syze dielli (f)	[sýzɛ diéɫi]
colchoneta (f) inflable	dyshek me ajër (m)	[dyʃék mɛ ájər]
jugar (divertirse)	loz	[loz]
bañarse (vr)	notoj	[notój]
pelota (f) de playa	top plazhi (m)	[top pláʒi]
inflar (vt)	fryj	[fryj]
inflable (colchoneta ~)	që fryhet	[cə frýhɛt]
ola (f)	dallgë (f)	[dáɫgə]
boya (f)	tapë (f)	[tápə]
ahogarse (vr)	mbytem	[mbýtɛm]
salvar (vt)	shpëtoj	[ʃpətój]
chaleco (m) salvavidas	jelek shpëtimi (m)	[jɛlék ʃpətími]
observar (vt)	vëzhgoj	[vəʒgój]
socorrista (m)	rojë bregdetare (m)	[rójə brɛgdɛtárɛ]

EL EQUIPO TÉCNICO. EL TRANSPORTE

El equipo técnico

139. El computador

ordenador (m)	kompjuter (m)	[kompjutér]
ordenador (m) portátil	laptop (m)	[laptóp]
encender (vt)	ndez	[ndɛz]
apagar (vt)	fik	[fik]
teclado (m)	tastiera (f)	[tastiéra]
tecla (f)	çelës (m)	[tʃéləs]
ratón (m)	maus (m)	[máus]
alfombrilla (f) para ratón	shtroje e mausit (f)	[ʃtrójɛ ɛ máusit]
botón (m)	buton (m)	[butón]
cursor (m)	kursor (m)	[kursór]
monitor (m)	monitor (m)	[monitór]
pantalla (f)	ekran (m)	[ɛkrán]
disco (m) duro	hard disk (m)	[hárd dísk]
volumen (m) de disco duro	kapaciteti i hard diskut (m)	[kapatsitéti i hárd dískut]
memoria (f)	memorie (f)	[mɛmóriɛ]
memoria (f) operativa	memorie operative (f)	[mɛmóriɛ opɛratívɛ]
archivo, fichero (m)	skedë (f)	[skédə]
carpeta (f)	dosje (f)	[dósjɛ]
abrir (vt)	hap	[hap]
cerrar (vt)	mbyll	[mbyɫ]
guardar (un archivo)	ruaj	[rúaj]
borrar (vt)	fshij	[fʃíj]
copiar (vt)	kopjoj	[kopjój]
ordenar (vt) (~ de A a Z, etc.)	sistemoj	[sistɛmój]
copiar (vt)	transferoj	[transfɛrój]
programa (m)	program (m)	[prográm]
software (m)	softuer (f)	[softuér]
programador (m)	programues (m)	[programúɛs]
programar (vt)	programoj	[programój]
hacker (m)	haker (m)	[hakér]
contraseña (f)	fjalëkalim (m)	[fjaləkalím]
virus (m)	virus (m)	[virús]
detectar (vt)	zbuloj	[zbulój]
octeto (m)	bajt (m)	[bájt]

megaocteto (m)	megabajt (m)	[mɛgabájt]
datos (m pl)	të dhënat (pl)	[tə ðénat]
base (f) de datos	databazë (f)	[databázə]

cable (m)	kabllo (f)	[kábɫo]
desconectar (vt)	shkëpus	[ʃkəpús]
conectar (vt)	lidh	[lið]

140. El internet. El correo electrónico

internet (m), red (f)	internet (m)	[intɛrnét]
navegador (m)	shfletues (m)	[ʃflɛtúɛs]
buscador (m)	makineri kërkimi (f)	[makinɛrí kərkími]
proveedor (m)	ofrues (m)	[ofrúɛs]

webmaster (m)	uebmaster (m)	[uɛbmástɛr]
sitio (m) web	ueb-faqe (f)	[uéb-fácɛ]
página (f) web	ueb-faqe (f)	[uéb-fácɛ]

| dirección (f) | adresë (f) | [adrésə] |
| libro (m) de direcciones | libërth adresash (m) | [líbərθ adrésaʃ] |

buzón (m)	kuti postare (f)	[kutí postárɛ]
correo (m)	postë (f)	[póstə]
lleno (adj)	i mbushur	[i mbúʃur]

mensaje (m)	mesazh (m)	[mɛsáʒ]
correo (m) entrante	mesazhe të ardhura (pl)	[mɛsáʒɛ tə árðura]
correo (m) saliente	mesazhe të dërguara (pl)	[mɛsáʒɛ tə dərgúara]

expedidor (m)	dërguesi (m)	[dərgúɛsi]
enviar (vt)	dërgoj	[dərgój]
envío (m)	dërgesë (f)	[dərgésə]

| destinatario (m) | pranues (m) | [pranúɛs] |
| recibir (vt) | pranoj | [pranój] |

| correspondencia (f) | korrespondencë (f) | [korɛspondéntsə] |
| escribirse con ... | komunikim | [komunikím] |

archivo, fichero (m)	skedë (f)	[skédə]
descargar (vt)	shkarkoj	[ʃkarkój]
crear (vt)	krijoj	[krijój]
borrar (vt)	fshij	[fʃíj]
borrado (adj)	e fshirë	[ɛ fʃírə]

conexión (f) (ADSL, etc.)	lidhje (f)	[líðjɛ]
velocidad (f)	shpejtësi (f)	[ʃpɛjtəsí]
módem (m)	modem (m)	[modém]
acceso (m)	hyrje (f)	[hýrjɛ]
puerto (m)	port (m)	[port]

| conexión (f) (establecer la ~) | lidhje (f) | [líðjɛ] |
| conectarse a ... | lidhem me ... | [líðɛm mɛ ...] |

seleccionar (vt)	**përzgjedh**	[pərzʲéð]
buscar (vt)	**kërkoj ...**	[kərkój ...]

El transporte

141. El avión

avión (m)	avion (m)	[avión]
billete (m) de avión	biletë avioni (f)	[bilétə avióni]
compañía (f) aérea	kompani ajrore (f)	[kompaní ajrórɛ]
aeropuerto (m)	aeroport (m)	[aɛropórt]
supersónico (adj)	supersonik	[supɛrsoník]
comandante (m)	kapiten (m)	[kapitén]
tripulación (f)	ekip (m)	[ɛkíp]
piloto (m)	pilot (m)	[pilót]
azafata (f)	stjuardesë (f)	[stjuardésə]
navegador (m)	navigues (m)	[navigúɛs]
alas (f pl)	krahë (pl)	[kráhə]
cola (f)	bisht (m)	[biʃt]
cabina (f)	kabinë (f)	[kabínə]
motor (m)	motor (m)	[motór]
tren (m) de aterrizaje	karrel (m)	[karél]
turbina (f)	turbinë (f)	[turbínə]
hélice (f)	helikë (f)	[hɛlíkə]
caja (f) negra	kuti e zezë (f)	[kutí ɛ zézə]
timón (m)	timon (m)	[timón]
combustible (m)	karburant (m)	[karburánt]
instructivo (m) de seguridad	udhëzime sigurie (pl)	[uðəzímɛ siguríɛ]
respirador (m) de oxígeno	maskë oksigjeni (f)	[máskə oksiɟéni]
uniforme (m)	uniformë (f)	[unifórmə]
chaleco (m) salvavidas	jelek shpëtimi (m)	[jɛlék ʃpətími]
paracaídas (m)	parashutë (f)	[paraʃútə]
despegue (m)	ngritje (f)	[ŋrítjɛ]
despegar (vi)	fluturon	[fluturón]
pista (f) de despegue	pista e fluturimit (f)	[písta ɛ fluturímit]
visibilidad (f)	shikueshmëri (f)	[ʃikuɛʃmərí]
vuelo (m)	fluturim (m)	[fluturím]
altura (f)	lartësi (f)	[lartəsí]
pozo (m) de aire	xhep ajri (m)	[dʒɛp ájri]
asiento (m)	karrige (f)	[karígɛ]
auriculares (m pl)	kufje (f)	[kúfjɛ]
mesita (f) plegable	tabaka (f)	[tabaká]
ventana (f)	dritare avioni (f)	[dritárɛ avióni]
pasillo (m)	korridor (m)	[koridór]

142. El tren

tren (m)	tren (m)	[trɛn]
tren (m) eléctrico	tren elektrik (m)	[trɛn ɛlɛktrík]
tren (m) rápido	tren ekspres (m)	[trɛn ɛksprés]
locomotora (f) diésel	lokomotivë me naftë (f)	[lokomótivə mɛ náftə]
tren (m) de vapor	lokomotivë me avull (f)	[lokomótivə mɛ ávuɫ]

coche (m)	vagon (m)	[vagón]
coche (m) restaurante	vagon restorant (m)	[vagón rɛstoránt]

rieles (m pl)	shina (pl)	[ʃína]
ferrocarril (m)	hekurudhë (f)	[hɛkurúðə]
traviesa (f)	traversë (f)	[travérsə]

plataforma (f)	platformë (f)	[platfórmə]
vía (f)	binar (m)	[binár]
semáforo (m)	semafor (m)	[sɛmafór]
estación (f)	stacion (m)	[statsión]

maquinista (m)	makinist (m)	[makiníst]
maletero (m)	portier (m)	[portiér]
mozo (m) del vagón	konduktor (m)	[konduktór]
pasajero (m)	pasagjer (m)	[pasaɟér]
revisor (m)	konduktor (m)	[konduktór]

corredor (m)	korridor (m)	[koridór]
freno (m) de urgencia	frena urgjence (f)	[fréna urɟéntsɛ]

compartimiento (m)	ndarje (f)	[ndárjɛ]
litera (f)	kat (m)	[kat]
litera (f) de arriba	kati i sipërm (m)	[káti i sípərm]
litera (f) de abajo	kati i poshtëm (m)	[káti i póʃtəm]
ropa (f) de cama	shtroje shtrati (pl)	[ʃtrójɛ ʃtráti]

billete (m)	biletë (f)	[bilétə]
horario (m)	orar (m)	[orár]
pantalla (f) de información	tabelë e informatave (f)	[tabélə ɛ informátavɛ]

partir (vi)	niset	[nísɛt]
partida (f) (del tren)	nisje (f)	[nísjɛ]
llegar (tren)	arrij	[aríj]
llegada (f)	arritje (f)	[arítjɛ]

llegar en tren	arrij me tren	[aríj mɛ trɛn]
tomar el tren	hip në tren	[hip nə trén]
bajar del tren	zbres nga treni	[zbrɛs ŋa tréni]

descarrilamiento (m)	aksident hekurudhor (m)	[aksidént hɛkuruðór]
descarrilarse (vr)	del nga shinat	[dɛl ŋa ʃínat]

tren (m) de vapor	lokomotivë me avull (f)	[lokomótivə mɛ ávuɫ]
fogonero (m)	mbikëqyrës i zjarrit (m)	[mbikəcýrəs i zjárit]
hogar (m)	furrë (f)	[fúrə]
carbón (m)	qymyr (m)	[cymýr]

143. El barco

buque (m)	anije (f)	[aníjɛ]
navío (m)	mjet lundrues (m)	[mjét lundrúɛs]
buque (m) de vapor	anije me avull (f)	[aníjɛ mɛ ávuɫ]
motonave (m)	anije lumi (f)	[aníjɛ lúmi]
trasatlántico (m)	krocierë (f)	[krotsiérə]
crucero (m)	anije luftarake (f)	[aníjɛ luftarákɛ]
yate (m)	jaht (m)	[jáht]
remolcador (m)	anije rimorkiuese (f)	[aníjɛ rimorkiúɛsɛ]
barcaza (f)	anije transportuese (f)	[aníjɛ transportúɛsɛ]
ferry (m)	traget (m)	[tragét]
velero (m)	anije me vela (f)	[aníjɛ mɛ véla]
bergantín (m)	brigantinë (f)	[brigantínə]
rompehielos (m)	akullthyese (f)	[akuɫθýɛsɛ]
submarino (m)	nëndetëse (f)	[nəndétəsɛ]
bote (m) de remo	barkë (f)	[bárkə]
bote (m)	gomone (f)	[gomónɛ]
bote (m) salvavidas	varkë shpëtimi (f)	[várkə ʃpətími]
lancha (f) motora	skaf (m)	[skaf]
capitán (m)	kapiten (m)	[kapitén]
marinero (m)	marinar (m)	[marinár]
marino (m)	marinar (m)	[marinár]
tripulación (f)	ekip (m)	[ɛkíp]
contramaestre (m)	kryemarinar (m)	[kryɛmarinár]
grumete (m)	djali i anijes (m)	[djáli i aníjɛs]
cocinero (m) de abordo	kuzhinier (m)	[kuʒiniér]
médico (m) del buque	doktori i anijes (m)	[doktóri i aníjɛs]
cubierta (f)	kuverta (f)	[kuvérta]
mástil (m)	direk (m)	[dirék]
vela (f)	vela (f)	[véla]
bodega (f)	bagazh (m)	[bagáʒ]
proa (f)	harku sipëror (m)	[hárku sipərór]
popa (f)	pjesa e pasme (f)	[pjésa ɛ pásmɛ]
remo (m)	rrem (m)	[rɛm]
hélice (f)	helikë (f)	[hɛlíkə]
camarote (m)	kabinë (f)	[kabínə]
sala (f) de oficiales	zyrë e oficerëve (m)	[zýrə ɛ ofitsérəvɛ]
sala (f) de máquinas	salla e motorit (m)	[sáɫa ɛ motórit]
puente (m) de mando	urë komanduese (f)	[úrə komandúɛsɛ]
sala (f) de radio	kabina radiotelegrafike (f)	[kabína radiotɛlɛgrafíkɛ]
onda (f)	valë (f)	[válə]
cuaderno (m) de bitácora	libri i shënimeve (m)	[líbri i ʃənímɛvɛ]
anteojo (m)	dylbi (f)	[dylbí]
campana (f)	këmbanë (f)	[kəmbánə]

bandera (f)	flamur (m)	[flamúr]
cabo (m) (maroma)	pallamar (m)	[paɫamár]
nudo (m)	nyjë (f)	[nýjə]

| pasamano (m) | parmakë (pl) | [parmákə] |
| pasarela (f) | shkallë (f) | [ʃkáɫə] |

ancla (f)	spirancë (f)	[spirántsə]
levar ancla	ngre spirancën	[ŋré spirántsən]
echar ancla	hedh spirancën	[hɛð spirántsən]
cadena (f) del ancla	zinxhir i spirancës (m)	[zindʒír i spirántsəs]

puerto (m)	port (m)	[port]
embarcadero (m)	skelë (f)	[skélə]
amarrar (vt)	ankoroj	[ankorój]
desamarrar (vt)	niset	[nísɛt]

viaje (m)	udhëtim (m)	[uðətím]
crucero (m) (viaje)	udhëtim me krocierë (f)	[uðətím mɛ krotsiérə]
derrota (f) (rumbo)	kursi i udhëtimit (m)	[kúrsi i uðətímit]
itinerario (m)	itinerar (m)	[itinɛrár]

canal (m) navegable	ujëra të lundrueshme (f)	[újəra tə lundrúeʃmɛ]
bajío (m)	cekëtinë (f)	[tsɛkətínə]
encallar (vi)	bllokohet në rërë	[bɫokóhɛt nə rərə]

tempestad (f)	stuhi (f)	[stuhí]
señal (f)	sinjal (m)	[siɲál]
hundirse (vr)	fundoset	[fundósɛt]
¡Hombre al agua!	Njeri në det!	[ɲɛrí nə dɛt!]
SOS	SOS (m)	[sos]
aro (m) salvavidas	bovë shpëtuese (f)	[bóvə ʃpətúɛsɛ]

144. El aeropuerto

aeropuerto (m)	aeroport (m)	[aɛropórt]
avión (m)	avion (m)	[avión]
compañía (f) aérea	kompani ajrore (f)	[kompaní ajrórɛ]
controlador (m) aéreo	kontroll i trafikut ajror (m)	[kontróɫ i trafíkut ajrór]

despegue (m)	nisje (f)	[nísjɛ]
llegada (f)	arritje (f)	[arítjɛ]
llegar (en avión)	arrij me avion	[aríj mɛ avión]

| hora (f) de salida | nisja (f) | [nísja] |
| hora (f) de llegada | arritja (f) | [arítja] |

| retrasarse (vr) | vonesë | [vonésə] |
| retraso (m) de vuelo | vonesë avioni (f) | [vonésə avióni] |

pantalla (f) de información	ekrani i informacioneve (m)	[ɛkráni i informatsiónɛvɛ]
información (f)	informacion (m)	[informatsión]
anunciar (vt)	njoftoj	[ɲoftój]
vuelo (m)	fluturim (m)	[fluturím]

| aduana (f) | doganë (f) | [dogánə] |
| aduanero (m) | doganier (m) | [doganiér] |

declaración (f) de aduana	deklarim doganor (m)	[dɛklarím doganór]
rellenar (vt)	plotësoj	[plotəsój]
rellenar la declaración	plotësoj deklaratën	[plotəsój dɛklarátən]
control (m) de pasaportes	kontroll pasaportash (m)	[kontról pasapórtaʃ]

equipaje (m)	bagazh (m)	[bagáʒ]
equipaje (m) de mano	bagazh dore (m)	[bagáʒ dórɛ]
carrito (m) de equipaje	karrocë bagazhesh (f)	[karótsə bagáʒɛʃ]

aterrizaje (m)	aterrim (m)	[atɛrím]
pista (f) de aterrizaje	pistë aterrimi (f)	[pístə atɛrími]
aterrizar (vi)	aterroj	[atɛrój]
escaleras (f pl) (de avión)	shkallë avioni (f)	[ʃkáłə avióni]

facturación (f) (check-in)	regjistrim (m)	[rɛɟistrím]
mostrador (m) de facturación	sportel regjistrimi (m)	[sportél rɛɟistrími]
hacer el check-in	regjistrohem	[rɛɟistróhɛm]
tarjeta (f) de embarque	biletë e hyrjes (f)	[bilétə ɛ hýrjɛs]
puerta (f) de embarque	porta e nisjes (f)	[pórta ɛ nísjɛs]

tránsito (m)	transit (m)	[transít]
esperar (aguardar)	pres	[prɛs]
zona (f) de preembarque	salla e nisjes (f)	[sáła ɛ nísjɛs]
despedir (vt)	përcjell	[pərtsjéł]
despedirse (vr)	përshëndetem	[pərʃəndétɛm]

145. La bicicleta. La motocicleta

bicicleta (f)	biçikletë (f)	[bitʃiklétə]
scooter (f)	skuter (m)	[skutér]
motocicleta (f)	motoçikletë (f)	[mototʃiklétə]

ir en bicicleta	shkoj me biçikletë	[ʃkoj mɛ bitʃiklétə]
manillar (m)	timon (m)	[timón]
pedal (m)	pedale (f)	[pɛdálɛ]
frenos (m pl)	frenat (pl)	[frénat]
sillín (m)	shalë (f)	[ʃálə]

bomba (f)	pompë (f)	[pómpə]
portaequipajes (m)	mbajtëse (f)	[mbájtəsɛ]
faro (m)	drita e përparme (f)	[dríta ɛ pərpármɛ]
casco (m)	helmetë (f)	[hɛlmétə]

rueda (f)	rrotë (f)	[rótə]
guardabarros (m)	parafango (f)	[parafáŋo]
llanta (f)	rreth i jashtëm i rrotës (m)	[rɛθ i jáʃtəm i rótəs]
rayo (m)	telat e diskut (m)	[télat ɛ dískut]

Los coches

146. Tipos de carros

coche (m)	makinë (f)	[makínə]
coche (m) deportivo	makinë sportive (f)	[makínə sportívɛ]
limusina (f)	limuzinë (f)	[limuzínə]
todoterreno (m)	fuoristradë (f)	[fuoristrádə]
cabriolé (m)	kabriolet (m)	[kabriolét]
microbús (m)	furgon (m)	[furgón]
ambulancia (f)	ambulancë (f)	[ambulántsə]
quitanieves (m)	borëpastruese (f)	[borəpastrúɛsɛ]
camión (m)	kamion (m)	[kamión]
camión (m) cisterna	autocisternë (f)	[autotsistérnə]
camioneta (f)	furgon mallrash (m)	[furgón mátraʃ]
remolcador (m)	kamionçinë (f)	[kamiontʃínə]
remolque (m)	rimorkio (f)	[rimórkio]
confortable (adj)	i rehatshëm	[i rɛhátʃəm]
de ocasión (adj)	i përdorur	[i pərdórur]

147. Los carros. Taller de pintura

capó (m)	kofano (f)	[kófano]
guardabarros (m)	parafango (f)	[parafáŋo]
techo (m)	çati (f)	[tʃatí]
parabrisas (m)	xham i përparmë (m)	[dʒam i pərpármə]
espejo (m) retrovisor	pasqyrë për prapa (f)	[pascýrə pər prápa]
limpiador (m)	larëse xhami (f)	[lárəsɛ dʒámi]
limpiaparabrisas (m)	fshirëse xhami (f)	[fʃírəsɛ dʒámi]
ventana (f) lateral	xham anësor (m)	[dʒam anəsór]
elevalunas (m)	levë xhami (f)	[lévə dʒámi]
antena (f)	antenë (f)	[anténə]
techo (m) solar	çati diellore (f)	[tʃatí diɛtórɛ]
parachoques (m)	parakolp (m)	[parakólp]
maletero (m)	bagazh (m)	[bagáʒ]
baca (f) (portaequipajes)	bagazh mbi çati (m)	[bagáʒ mbi tʃatí]
puerta (f)	derë (f)	[dérə]
tirador (m) de puerta	doreza e derës (m)	[doréza ɛ dérəs]
cerradura (f)	kyç (m)	[kytʃ]
matrícula (f)	targë makine (f)	[tárgə makínɛ]
silenciador (m)	silenciator (m)	[silɛntsiatór]

tanque (m) de gasolina	serbator (m)	[sɛrbatór]
tubo (m) de escape	tub shkarkimi (m)	[tub ʃkarkími]
acelerador (m)	gaz (m)	[gaz]
pedal (m)	këmbëz (f)	[kémbəz]
pedal (m) de acelerador	pedal i gazit (m)	[pɛdál i gázit]
freno (m)	freni (m)	[fréni]
pedal (m) de freno	pedal i frenave (m)	[pɛdál i frénavɛ]
frenar (vi)	frenoj	[frɛnój]
freno (m) de mano	freni i dorës (m)	[fréni i dórəs]
embrague (m)	friksion (m)	[friksión]
pedal (m) de embrague	pedal i friksionit (m)	[pɛdál i friksiónit]
disco (m) de embrague	disk i friksionit (m)	[dísk i friksiónit]
amortiguador (m)	amortizator (m)	[amortizatór]
rueda (f)	rrotë (f)	[rótə]
rueda (f) de repuesto	gomë rezervë (f)	[gómə rɛzérvə]
neumático (m)	gomë (f)	[gómə]
tapacubo (m)	mbulesë gome (f)	[mbulésə gómɛ]
ruedas (f pl) motrices	rrota makine (f)	[róta makínɛ]
de tracción delantera	me rrotat e përparme	[mɛ rotat ɛ pərpármɛ]
de tracción trasera	me rrotat e pasme	[mɛ rótat ɛ pásmɛ]
de tracción integral	me të gjitha rrotat	[mɛ tə ɟíθa rótat]
caja (f) de cambios	kutia e marsheve (f)	[kutía ɛ márʃɛvɛ]
automático (adj)	automatik	[automatík]
mecánico (adj)	mekanik	[mɛkaník]
palanca (f) de cambios	levë e marshit (f)	[lévə ɛ márʃit]
faro (m) delantero	dritë e përparme (f)	[drítə ɛ pərpármɛ]
faros (m pl)	dritat e përparme (pl)	[drítat ɛ pərpármɛ]
luz (f) de cruce	dritat e shkurtra (pl)	[drítat ɛ ʃkúrtra]
luz (f) de carretera	dritat e gjata (pl)	[drítat ɛ ɟáta]
luz (f) de freno	dritat e frenave (pl)	[drítat ɛ frénavɛ]
luz (f) de posición	dritat për parkim (pl)	[drítat pər parkím]
luces (f pl) de emergencia	sinjal për urgjencë (m)	[siɲál pər urɟéntsə]
luces (f pl) antiniebla	drita mjegulle (pl)	[dríta mjéguɫɛ]
intermitente (m)	sinjali i kthesës (m)	[siɲáli i kθésəs]
luz (f) de marcha atrás	dritat e prapme (pl)	[drítat ɛ prápmɛ]

148. Los carros. El compartimento de pasajeros

habitáculo (m)	interier (m)	[intɛriér]
de cuero (adj)	prej lëkure	[prɛj ləkúrɛ]
de felpa (adj)	kadife	[kadífɛ]
revestimiento (m)	veshje (f)	[véʃʃɛ]
instrumento (m)	instrument (m)	[instrumént]
salpicadero (m)	panel instrumentesh (m)	[panél instruméntɛʃ]

velocímetro (m)	matës i shpejtësisë (m)	[mátəs i ʃpɛjtəsísə]
aguja (f)	shigjetë (f)	[ʃiɟétə]

cuentakilómetros (m)	kilometrazh (m)	[kilomɛtráʒ]
indicador (m)	indikator (m)	[indikatór]
nivel (m)	nivel (m)	[nivél]
testigo (m) (~ luminoso)	dritë paralajmëruese (f)	[drítə paralajmərúɛsɛ]

volante (m)	timon (m)	[timón]
bocina (f)	bori (f)	[borí]
botón (m)	buton (m)	[butón]
interruptor (m)	çelës drite (m)	[tʃéləs drítɛ]

asiento (m)	karrige (f)	[karígɛ]
respaldo (m)	shpinore (f)	[ʃpinórɛ]
reposacabezas (m)	mbështetësja e kokës (m)	[mbəʃtétəsja ɛ kókəs]
cinturón (m) de seguridad	rrip i sigurimit (m)	[rip i sigurímit]
abrocharse el cinturón	lidh rripin e sigurimit	[lið rípin ɛ sigurímit]
reglaje (m)	rregulloj (m)	[rɛguɫój]

bolsa (f) de aire (airbag)	jastëk ajri (m)	[jastək ájri]
climatizador (m)	kondicioner (m)	[konditsionér]

radio (f)	radio (f)	[rádio]
reproductor (m) de CD	disk CD (m)	[dísk tsɛdé]
encender (vt)	ndez	[ndɛz]
antena (f)	antenë (f)	[anténə]
guantera (f)	kroskot (m)	[kroskót]
cenicero (m)	taketuke (f)	[takɛtúkɛ]

149. Los carros. El motor

motor (m)	motor (m)	[motór]
diesel (adj)	me naftë	[mɛ náftə]
a gasolina (adj)	me benzinë	[mɛ bɛnzínə]

volumen (m) del motor	vëllim i motorit (m)	[vəɫím i motórit]
potencia (f)	fuqi (f)	[fucí]
caballo (m) de fuerza	kuaj-fuqi (f)	[kúaj-fucí]
pistón (m)	piston (m)	[pistón]
cilindro (m)	cilindër (m)	[tsilíndər]
válvula (f)	valvulë (f)	[valvúlə]

inyector (m)	injektor (m)	[iɲɛktór]
generador (m)	gjenerator (m)	[ɟɛnɛratór]
carburador (m)	karburator (m)	[karburatór]
aceite (m) de motor	vaj i motorit (m)	[vaj i motórit]

radiador (m)	radiator (m)	[radiatór]
liquido (m) refrigerante	antifriz (m)	[antifríz]
ventilador (m)	ventilator (m)	[vɛntilatór]

batería (f)	bateri (f)	[batɛrí]
estárter (m)	motorino (f)	[motoríno]

| encendido (m) | kuadër ndezës (m) | [kuádər ndézəs] |
| bujía (f) de ignición | kandelë (f) | [kandélə] |

terminal (f)	morseta e baterisë (f)	[morséta ɛ batɛrísə]
terminal (f) positiva	kahu pozitiv (m)	[káhu pózitiv]
terminal (f) negativa	kahu negativ (m)	[káhu négativ]
fusible (m)	siguresë (f)	[sigurésə]

filtro (m) de aire	filtri i ajrit (m)	[fíltri i ájrit]
filtro (m) de aceite	filtri i vajit (m)	[fíltri i vájit]
filtro (m) de combustible	filtri i karburantit (m)	[fíltri i karburántit]

150. Los carros. Los choques. La reparación

accidente (m)	aksident (m)	[aksidént]
accidente (m) de tráfico	aksident rrugor (m)	[aksidént rúgor]
chocar contra …	përplasem në mur	[pərplásɛm nə mur]
tener un accidente	aksident i rëndë	[aksidént i rəndə]
daño (m)	dëm (m)	[dəm]
intacto (adj)	pa dëmtime	[pa dəmtímɛ]

pana (f)	avari (f)	[avarí]
averiarse (vr)	prishet	[príʃɛt]
remolque (m) (cuerda)	kabllo rimorkimi (f)	[kábło rimorkími]

pinchazo (m)	shpim (m)	[ʃpim]
desinflarse (vr)	shpohet	[ʃpóhɛt]
inflar (vt)	fryj	[fryj]
presión (f)	presion (m)	[prɛsión]
verificar (vt)	kontrolloj	[kontrołój]

reparación (f)	riparim (m)	[riparím]
taller (m)	auto servis (m)	[áuto sɛrvís]
parte (f) de repuesto	pjesë këmbimi (f)	[pjésə kəmbími]
parte (f)	pjesë (f)	[pjésə]

perno (m)	bulona (f)	[bulóna]
tornillo (m)	vida (f)	[vída]
tuerca (f)	dado (f)	[dádo]
arandela (f)	rondelë (f)	[rondélə]
rodamiento (m)	kushineta (f)	[kuʃinéta]

tubo (m)	tub (m)	[tub]
junta (f)	rondelë (f)	[rondélə]
hilo (m)	kabllo (f)	[kábło]

gato (m)	krik (m)	[krik]
llave (f) de tuerca	çelës (m)	[tʃéləs]
martillo (m)	çekiç (m)	[tʃɛkítʃ]
bomba (f)	pompë (f)	[pómpə]
destornillador (m)	kaçavidë (f)	[katʃavídə]
extintor (m)	bombolë kundër zjarrit (f)	[bombólə kúndər zjárit]
triángulo (m) de avería	trekëndësh paralajmërues (m)	[trékəndəʃ paralajmərúɛs]

calarse (vr)	fiket	[fíkɛt]
parada (f) (del motor)	fikje (f)	[fíkjɛ]
estar averiado	prishet	[príʃɛt]

recalentarse (vr)	nxehet	[ndzéhɛt]
estar atascado	bllokohet	[bɫokóhɛt]
congelarse (vr)	ngrihet	[ŋríhɛt]
reventar (vi)	plas tubi	[plas túbi]

presión (f)	presion (m)	[prɛsión]
nivel (m)	nivel (m)	[nivél]
flojo (correa ~a)	i lirshëm	[i lírʃəm]

abolladura (f)	shtypje (f)	[ʃtýpjɛ]
ruido (m) (en el motor)	zhurmë motori (f)	[ʒúrmə motóri]
grieta (f)	çarje (f)	[tʃárjɛ]
rozadura (f)	gërvishtje (f)	[gərvíʃtjɛ]

151. Los carros. La calle

camino (m)	rrugë (f)	[rúgə]
autovía (f)	autostradë (f)	[autostrádə]
carretera (f)	autostradë (f)	[autostrádə]
dirección (f)	drejtim (m)	[drɛjtím]
distancia (f)	largësi (f)	[largəsí]

puente (m)	urë (f)	[úrə]
aparcamiento (m)	parking (m)	[parkíŋ]
plaza (f)	shesh (m)	[ʃɛʃ]
intercambiador (m)	kryqëzim rrugësh (m)	[krycəzím rúgəʃ]
túnel (m)	tunel (m)	[tunél]

gasolinera (f)	pikë karburanti (f)	[píkə karburánti]
aparcamiento (m)	parking (m)	[parkíŋ]
surtidor (m)	pompë karburanti (f)	[pómpə karburánti]
taller (m)	auto servis (m)	[áuto sɛrvís]
cargar gasolina	furnizohem me gaz	[furnizóhɛm mɛ gáz]
combustible (m)	karburant (m)	[karburánt]
bidón (m) de gasolina	bidon (m)	[bidón]

asfalto (m)	asfalt (m)	[asfált]
señalización (f) vial	vijëzime të rrugës (pl)	[vijəzímɛ tə rúgəs]
bordillo (m)	bordurë (f)	[bordúrə]
barrera (f) de seguridad	parmakë të sigurisë (pl)	[parmákə tə sigurísə]
cuneta (f)	kanal (m)	[kanál]
borde (m) de la carretera	shpatull rrugore (f)	[ʃpátuɫ rugórɛ]
farola (f)	shtyllë dritash (f)	[ʃtýɫə drítaʃ]

conducir (vi, vt)	ngas	[ŋas]
girar (~ a la izquierda)	kthej	[kθɛj]
dar la vuelta en U	marr kthesë U	[mar kθésə u]
marcha (f) atrás	marsh prapa (m)	[marʃ prápa]
tocar la bocina	i bie borisë	[i bíɛ borísə]
bocinazo (m)	tyt (m)	[tyt]

atascarse (vr)	ngec në baltë	[ŋɛts nə báltə]
patinar (vi)	xhiroj gomat	[dʒirój gómat]
parar (el motor)	fik	[fik]

velocidad (f)	shpejtësi (f)	[ʃpɛjtəsí]
exceder la velocidad	kaloj minimumin e shpejtësisë	[kalój minimúmin ɛ ʃpɛjtəsísə]
multar (vt)	vë gjobë	[və ɟóbə]
semáforo (m)	semafor (m)	[sɛmafór]
permiso (m) de conducir	patentë shoferi (f)	[paténtə ʃoféri]

paso (m) a nivel	kalim hekurudhor (m)	[kalím hɛkuruðór]
cruce (m)	kryqëzim (m)	[krycəzím]
paso (m) de peatones	kalim për këmbësorë (m)	[kalím pər kəmbəsórə]
curva (f)	kthesë (f)	[kθésə]
zona (f) de peatones	zonë këmbësorësh (f)	[zónə kəmbəsórəʃ]

LA GENTE. ACONTECIMIENTOS DE LA VIDA

Acontecimentos de la vida

152. Los días festivos. Los eventos

fiesta (f)	festë (f)	[féstə]
fiesta (f) nacional	festë kombëtare (f)	[féstə kombətárɛ]
día (m) de fiesta	festë publike (f)	[féstə publíkɛ]
festejar (vt)	festoj	[fɛstój]
evento (m)	ceremoni (f)	[tsɛrɛmoní]
medida (f)	eveniment (m)	[ɛvɛnimént]
banquete (m)	banket (m)	[bankét]
recepción (f)	pritje (f)	[prítjɛ]
festín (m)	aheng (m)	[ahén]
aniversario (m)	përvjetor (m)	[pərvjɛtór]
jubileo (m)	jubile (m)	[jubilé]
celebrar (vt)	festoj	[fɛstój]
Año (m) Nuevo	Viti i Ri (m)	[víti i rí]
¡Feliz Año Nuevo!	Gëzuar Vitin e Ri!	[gəzúar vítin ɛ rí!]
Papá Noel (m)	Santa Klaus (m)	[sánta kláus]
Navidad (f)	Krishtlindje (f)	[kriʃtlíndjɛ]
¡Feliz Navidad!	Gëzuar Krishtlindjen!	[gəzúar kriʃtlíndjɛn!]
árbol (m) de Navidad	péma e Krishtlindjes (f)	[péma ɛ kriʃtlíndjɛs]
fuegos (m pl) artificiales	fishekzjarrë (m)	[fiʃɛkzjárə]
boda (f)	dasmë (f)	[dásmə]
novio (m)	dhëndër (m)	[ðéndər]
novia (f)	nuse (f)	[núsɛ]
invitar (vt)	ftoj	[ftoj]
tarjeta (f) de invitación	ftesë (f)	[ftésə]
invitado (m)	mysafir (m)	[mysafír]
visitar (vt) (a los amigos)	vizitoj	[vizitój]
recibir a los invitados	takoj të ftuarit	[takój tə ftúarit]
regalo (m)	dhuratë (f)	[ðurátə]
regalar (vt)	dhuroj	[ðurój]
recibir regalos	marr dhurata	[mar ðuráta]
ramo (m) de flores	buqetë (f)	[bucétə]
felicitación (f)	urime (f)	[urímɛ]
felicitar (vt)	përgëzoj	[pərgəzój]
tarjeta (f) de felicitación	kartolinë (f)	[kartolínə]

| enviar una tarjeta | dërgoj kartolinë | [dərgój kartolínə] |
| recibir una tarjeta | marr kartolinë | [mar kartolínə] |

brindis (m)	dolli (f)	[doɬí]
ofrecer (~ una copa)	qeras	[cɛrás]
champaña (f)	shampanjë (f)	[ʃampáɲə]

divertirse (vr)	kënaqem	[kənácɛm]
diversión (f)	gëzim (m)	[gəzím]
alegría (f) (emoción)	gëzim (m)	[gəzím]

| baile (m) | vallëzim (m) | [vaɬəzím] |
| bailar (vi, vt) | vallëzoj | [vaɬəzój] |

| vals (m) | vals (m) | [vals] |
| tango (m) | tango (f) | [táŋo] |

153. Los funerales. El entierro

cementerio (m)	varreza (f)	[varéza]
tumba (f)	varr (m)	[var]
cruz (f)	kryq (m)	[kryc]
lápida (f)	gur varri (m)	[gur vári]
verja (f)	gardh (m)	[garð]
capilla (f)	kishëz (m)	[kíʃəz]

muerte (f)	vdekje (f)	[vdékjɛ]
morir (vi)	vdes	[vdɛs]
difunto (m)	i vdekuri (m)	[i vdékuri]
luto (m)	zi (f)	[zi]

enterrar (vt)	varros	[varós]
funeraria (f)	agjenci funeralesh (f)	[aɟɛntsí funɛrálɛʃ]
entierro (m)	funeral (m)	[funɛrál]

corona (f) funeraria	kurorë (f)	[kurórə]
ataúd (m)	arkivol (m)	[arkivól]
coche (m) fúnebre	makinë funebre (f)	[makínə funébrɛ]
mortaja (f)	qefin (m)	[cɛfín]

cortejo (m) fúnebre	kortezh (m)	[kortéʒ]
urna (f) funeraria	urnë (f)	[úrnə]
crematorio (m)	kremator (m)	[krɛmatór]

necrología (f)	përkujtim (m)	[pərkujtím]
llorar (vi)	qaj	[caj]
sollozar (vi)	qaj me dënesë	[caj mɛ dənésə]

154. La guerra. Los soldados

| sección (f) | togë (f) | [tógə] |
| compañía (f) | kompani (f) | [kompaní] |

regimiento (m)	**regjiment** (m)	[rɛɟimént]
ejército (m)	**ushtri** (f)	[uʃtrí]
división (f)	**divizion** (m)	[divizión]

destacamento (m)	**skuadër** (f)	[skuádər]
hueste (f)	**armatë** (f)	[armátə]

soldado (m)	**ushtar** (m)	[uʃtár]
oficial (m)	**oficer** (m)	[ofitsér]

soldado (m) raso	**ushtar** (m)	[uʃtár]
sargento (m)	**rreshter** (m)	[rɛʃtér]
teniente (m)	**toger** (m)	[togér]
capitán (m)	**kapiten** (m)	[kapitén]
mayor (m)	**major** (m)	[majór]
coronel (m)	**kolonel** (m)	[kolonél]
general (m)	**gjeneral** (m)	[ɟɛnɛrál]

marino (m)	**marinar** (m)	[marinár]
capitán (m)	**kapiten** (m)	[kapitén]
contramaestre (m)	**kryemarinar** (m)	[kryɛmarinár]

artillero (m)	**artiljer** (m)	[artiljér]
paracaidista (m)	**parashutist** (m)	[paraʃutíst]
piloto (m)	**pilot** (m)	[pilót]
navegador (m)	**navigues** (m)	[navigúɛs]
mecánico (m)	**mekanik** (m)	[mɛkaník]

zapador (m)	**xhenier** (m)	[dʒɛniér]
paracaidista (m)	**parashutist** (m)	[paraʃutíst]
explorador (m)	**agjent zbulimi** (m)	[aɟént zbulími]
francotirador (m)	**snajper** (m)	[snajpér]

patrulla (f)	**patrullë** (f)	[patrúɫə]
patrullar (vi, vt)	**patrulloj**	[patruɫój]
centinela (m)	**rojë** (f)	[rójə]

guerrero (m)	**luftëtar** (m)	[luftətár]
patriota (m)	**patriot** (m)	[patriót]

héroe (m)	**hero** (m)	[hɛró]
heroína (f)	**heroinë** (f)	[hɛroínə]

traidor (m)	**tradhtar** (m)	[traðtár]
traicionar (vt)	**tradhtoj**	[traðtój]

desertor (m)	**dezertues** (m)	[dɛzɛrtúɛs]
desertar (vi)	**dezertoj**	[dɛzɛrtój]

mercenario (m)	**mercenar** (m)	[mɛrtsɛnár]
recluta (m)	**rekrut** (m)	[rɛkrút]
voluntario (m)	**vullnetar** (m)	[vuɫnɛtár]

muerto (m)	**vdekur** (m)	[vdékur]
herido (m)	**i plagosur** (m)	[i plagósur]
prisionero (m)	**rob lufte** (m)	[rob lúftɛ]

155. La guerra. Las maniobras militares. Unidad 1

guerra (f)	luftë (f)	[lúftə]
estar en guerra	në luftë	[nə lúftə]
guerra (f) civil	luftë civile (f)	[lúftə tsivílɛ]
pérfidamente (adv)	pabesisht	[pabɛsíʃt]
declaración (f) de guerra	shpallje lufte (f)	[ʃpátjɛ lúftɛ]
declarar (~ la guerra)	shpall	[ʃpaɬ]
agresión (f)	agresion (m)	[agrɛsión]
atacar (~ a un país)	sulmoj	[sulmój]
invadir (vt)	pushtoj	[puʃtój]
invasor (m)	pushtues (m)	[puʃtúɛs]
conquistador (m)	pushtues (m)	[puʃtúɛs]
defensa (f)	mbrojtje (f)	[mbrójtjɛ]
defender (vt)	mbroj	[mbrój]
defenderse (vr)	mbrohem	[mbróhɛm]
enemigo (m)	armik (m)	[armík]
adversario (m)	kundërshtar (m)	[kundərʃtár]
enemigo (adj)	armike	[armíkɛ]
estrategia (f)	strategji (f)	[stratɛɟí]
táctica (f)	taktikë (f)	[taktíkə]
orden (f)	urdhër (m)	[úrðər]
comando (m)	komandë (f)	[komándə]
ordenar (vt)	urdhëroj	[urðərój]
misión (f)	mision (m)	[misión]
secreto (adj)	sekret	[sɛkrét]
combate (m), batalla (f)	betejë (f)	[bɛtéjə]
combate (m)	luftim (m)	[luftím]
ataque (m)	sulm (m)	[sulm]
asalto (m)	sulm (m)	[sulm]
tomar por asalto	sulmoj	[sulmój]
asedio (m), sitio (m)	nën rrethim (m)	[nən rɛθím]
ofensiva (f)	sulm (m)	[sulm]
tomar la ofensiva	kaloj në sulm	[kalój nə súlm]
retirada (f)	tërheqje (f)	[tərhécjɛ]
retirarse (vr)	tërhiqem	[tərhícɛm]
envolvimiento (m)	rrethim (m)	[rɛθím]
cercar (vt)	rrethoj	[rɛθój]
bombardeo (m)	bombardim (m)	[bombardím]
lanzar una bomba	hedh bombë	[hɛð bómbə]
bombear (vt)	bombardoj	[bombardój]
explosión (f)	shpërthim (m)	[ʃpərθím]
tiro (m), disparo (m)	e shtënë (f)	[ɛ ʃtǝ́nə]

| disparar (vi) | qëlloj | [cəłój] |
| tiroteo (m) | të shtëna (pl) | [tə ʃténa] |

apuntar a ...	vë në shënjestër	[və nə ʃəɲéstər]
encarar (apuntar)	drejtoj armën	[drɛjtój ármən]
alcanzar (el objetivo)	qëlloj	[cəłój]

hundir (vt)	fundos	[fundós]
brecha (f) (~ en el casco)	vrimë (f)	[vrímə]
hundirse (vr)	fundoset	[fundósɛt]

frente (m)	front (m)	[front]
evacuación (f)	evakuim (m)	[ɛvakuím]
evacuar (vt)	evakuoj	[ɛvakuój]

trinchera (f)	llogore (f)	[łogórɛ]
alambre (m) de púas	tel me gjemba (m)	[tɛl mɛ ɟémba]
barrera (f) (~ antitanque)	pengesë (f)	[pɛŋésə]
torre (f) de vigilancia	kullë vrojtuese (f)	[kúłə vrojtúɛsɛ]

hospital (m)	spital ushtarak (m)	[spitál uʃtarák]
herir (vt)	plagos	[plagós]
herida (f)	plagë (f)	[plágə]
herido (m)	i plagosur (m)	[i plagósur]
recibir una herida	jam i plagosur	[jam i plagósur]
grave (herida)	rëndë	[rə́ndə]

156. Las armas

arma (f)	armë (f)	[ármə]
arma (f) de fuego	armë zjarri (f)	[ármə zjári]
arma (f) blanca	armë të ftohta (pl)	[ármə tə ftóhta]

arma (f) química	armë kimike (f)	[ármə kimíkɛ]
nuclear (adj)	nukleare	[nuklɛárɛ]
arma (f) nuclear	armë nukleare (f)	[ármə nuklɛárɛ]

| bomba (f) | bombë (f) | [bómbə] |
| bomba (f) atómica | bombë atomike (f) | [bómbə atomíkɛ] |

pistola (f)	pistoletë (f)	[pistolétə]
fusil (m)	pushkë (f)	[púʃkə]
metralleta (f)	mitraloz (m)	[mitralóz]
ametralladora (f)	mitraloz (m)	[mitralóz]

boca (f)	grykë (f)	[grýkə]
cañón (m) (del arma)	tytë pushke (f)	[týtə púʃkɛ]
calibre (m)	kalibër (m)	[kalíbər]

gatillo (m)	këmbëz (f)	[kə́mbəz]
alza (f)	shënjestër (f)	[ʃəɲéstər]
cargador (m)	karikator (m)	[karikatór]
culata (f)	qytë (f)	[cýtə]
granada (f) de mano	bombë dore (f)	[bómbə dórɛ]

explosivo (m)	eksploziv (m)	[εksplozív]
bala (f)	plumb (m)	[plúmb]
cartucho (m)	fishek (m)	[fiʃék]
carga (f)	karikim (m)	[karikím]
pertrechos (m pl)	municion (m)	[munitsión]

bombardero (m)	avion bombardues (m)	[avión bombardúεs]
avión (m) de caza	avion luftarak (m)	[avión luftarák]
helicóptero (m)	helikopter (m)	[hεlikoptér]

antiaéreo (m)	armë anti-ajrore (f)	[ármə ánti-ajrórε]
tanque (m)	tank (m)	[tank]
cañón (m) (de un tanque)	top tanku (m)	[top tánku]

artillería (f)	artileri (f)	[artilεrí]
cañón (m) (arma)	top (m)	[top]
dirigir (un misil, etc.)	vë në shënjestër	[və nə ʃəɲéstər]

obús (m)	mortajë (f)	[mortájə]
bomba (f) de mortero	bombë mortaje (f)	[bómbə mortájε]
mortero (m)	mortajë (f)	[mortájə]
trozo (m) de obús	copëz mortaje (f)	[tsópəz mortájε]

submarino (m)	nëndetëse (f)	[nəndétəsε]
torpedo (m)	silurë (f)	[silúrə]
misil (m)	raketë (f)	[rakétə]

cargar (pistola)	mbush	[mbúʃ]
tirar (vi)	qëlloj	[cəɫój]
apuntar a …	drejtoj	[drεjtój]
bayoneta (f)	bajonetë (f)	[bajonétə]

espada (f) (duelo a ~)	shpatë (f)	[ʃpátə]
sable (m)	shpatë (f)	[ʃpátə]
lanza (f)	shtizë (f)	[ʃtízə]
arco (m)	hark (m)	[hárk]
flecha (f)	shigjetë (f)	[ʃiɟétə]
mosquete (m)	musketë (f)	[muskétə]
ballesta (f)	pushkë-shigjetë (f)	[púʃkə-ʃiɟétə]

157. Los pueblos antiguos

primitivo (adj)	prehistorik	[prεhistorík]
prehistórico (adj)	prehistorike	[prεhistoríkε]
antiguo (adj)	i lashtë	[i láʃtə]

Edad (f) de Piedra	Epoka e Gurit (f)	[εpóka ε gúrit]
Edad (f) de Bronce	Epoka e Bronzit (f)	[εpóka ε brónzit]
Edad (f) de Hielo	Epoka e akullit (f)	[εpóka ε ákuɫit]

tribu (f)	klan (m)	[klan]
caníbal (m)	kanibal (m)	[kanibál]
cazador (m)	gjahtar (m)	[ɟahtár]
cazar (vi, vt)	dal për gjah	[dál pər ɟáh]

mamut (m)	mamut (m)	[mamút]
caverna (f)	shpellë (f)	[ʃpétə]
fuego (m)	zjarr (m)	[zjar]
hoguera (f)	zjarr kampingu (m)	[zjar kampíŋu]
pintura (f) rupestre	vizatim në shpella (m)	[vizatím nə ʃpéta]

útil (m)	vegël (f)	[végəl]
lanza (f)	shtizë (f)	[ʃtízə]
hacha (f) de piedra	sëpatë guri (f)	[səpátə gúri]
estar en guerra	në luftë	[nə lúftə]
domesticar (vt)	zbus	[zbus]

ídolo (m)	idhull (m)	[íðut]
adorar (vt)	adhuroj	[aðurój]
superstición (f)	besëtytni (f)	[bɛsətytní]
rito (m)	rit (m)	[rit]

evolución (f)	evolucion (m)	[ɛvolutsión]
desarrollo (m)	zhvillim (m)	[ʒvitím]
desaparición (f)	zhdukje (f)	[ʒdúkjɛ]
adaptarse (vr)	përshtatem	[pərʃtátɛm]

arqueología (f)	arkeologji (f)	[arkɛoloɟí]
arqueólogo (m)	arkeolog (m)	[arkɛológ]
arqueológico (adj)	arkeologjike	[arkɛoloɟíkɛ]

sitio (m) de excavación	vendi i gërmimeve (m)	[véndi i gərmímɛvɛ]
excavaciones (f pl)	gërmime (pl)	[gərmímɛ]
hallazgo (m)	zbulim (m)	[zbulím]
fragmento (m)	fragment (m)	[fragmént]

158. La edad media

pueblo (m)	popull (f)	[póput]
pueblos (m pl)	popuj (pl)	[pópuj]
tribu (f)	klan (m)	[klan]
tribus (f pl)	klane (pl)	[klánɛ]

bárbaros (m pl)	barbarë (pl)	[barbárə]
galos (m pl)	Galët (pl)	[gálət]
godos (m pl)	Gotët (pl)	[gótət]
eslavos (m pl)	Sllavët (pl)	[stávət]
vikingos (m pl)	Vikingët (pl)	[vikíŋət]

| romanos (m pl) | Romakët (pl) | [romákət] |
| romano (adj) | romak | [romák] |

bizantinos (m pl)	Bizantinët (pl)	[bizantínət]
Bizancio (m)	Bizanti (m)	[bizánti]
bizantino (adj)	bizantine	[bizantínɛ]

emperador (m)	perandor (m)	[pɛrandór]
jefe (m)	prijës (m)	[príjəs]
poderoso (adj)	i fuqishëm	[i fucíʃəm]

rey (m)	mbret (m)	[mbrét]
gobernador (m)	sundimtar (m)	[sundimtár]
caballero (m)	kalorës (m)	[kalórəs]
señor (m) feudal	lord feudal (m)	[lórd fɛudál]
feudal (adj)	feudal	[fɛudál]
vasallo (m)	vasal (m)	[vasál]
duque (m)	dukë (f)	[dúkə]
conde (m)	kont (m)	[kont]
barón (m)	baron (m)	[barón]
obispo (m)	peshkop (m)	[pɛʃkóp]
armadura (f)	parzmore (f)	[parzmórɛ]
escudo (m)	mburojë (f)	[mburójə]
espada (f) (danza de ~s)	shpatë (f)	[ʃpátə]
visera (f)	ballnik (m)	[baɬník]
cota (f) de malla	thurak (m)	[θurák]
cruzada (f)	Kryqëzata (f)	[krycəzáta]
cruzado (m)	kryqtar (m)	[kryctár]
territorio (m)	territor (m)	[tɛritór]
atacar (~ a un país)	sulmoj	[sulmój]
conquistar (vt)	mposht	[mpóʃt]
ocupar (invadir)	pushtoj	[puʃtój]
asedio (m), sitio (m)	nën rrethim (m)	[nən rɛθím]
sitiado (adj)	i rrethuar	[i rɛθúar]
asediar, sitiar (vt)	rrethoj	[rɛθój]
inquisición (f)	inkuizicion (m)	[inkuizitsión]
inquisidor (m)	inkuizitor (m)	[inkuizitór]
tortura (f)	torturë (f)	[tortúrə]
cruel (adj)	mizor	[mizór]
hereje (m)	heretik (m)	[hɛrɛtík]
herejía (f)	herezi (f)	[hɛrɛzí]
navegación (f) marítima	lundrim (m)	[lundrím]
pirata (m)	pirat (m)	[pirát]
piratería (f)	pirateri (f)	[piratɛrí]
abordaje (m)	sulm me anije (m)	[sulm mɛ aníjɛ]
botín (m)	plaçkë (f)	[plátʃkə]
tesoros (m pl)	thesare (pl)	[θɛsárɛ]
descubrimiento (m)	zbulim (m)	[zbulím]
descubrir (tierras nuevas)	zbuloj	[zbulój]
expedición (f)	ekspeditë (f)	[ɛkspɛdítə]
mosquetero (m)	musketar (m)	[muskɛtár]
cardenal (m)	kardinal (m)	[kardinál]
heráldica (f)	heraldikë (f)	[hɛraldíkə]
heráldico (adj)	heraldik	[hɛraldík]

159. El líder. El jefe. Las autoridades

rey (m)	mbret (m)	[mbrét]
reina (f)	mbretëreshë (f)	[mbrɛtəréʃə]
real (adj)	mbretërore	[mbrɛtərórɛ]
reino (m)	mbretëri (f)	[mbrɛtərí]
príncipe (m)	princ (m)	[prints]
princesa (f)	princeshë (f)	[printséʃə]
presidente (m)	president (m)	[prɛsidént]
vicepresidente (m)	zëvendës president (m)	[zəvéndəs prɛsidént]
senador (m)	senator (m)	[sɛnatór]
monarca (m)	monark (m)	[monárk]
gobernador (m)	sundimtar (m)	[sundimtár]
dictador (m)	diktator (m)	[diktatór]
tirano (m)	tiran (m)	[tirán]
magnate (m)	manjat (m)	[maɲát]
director (m)	drejtor (m)	[drɛjtór]
jefe (m)	udhëheqës (m)	[uðəhécəs]
gerente (m)	drejtor (m)	[drɛjtór]
amo (m)	bos (m)	[bos]
dueño (m)	pronar (m)	[pronár]
jefe (m), líder (m)	lider (m)	[lidér]
jefe (m) (~ de delegación)	kryetar (m)	[kryɛtár]
autoridades (f pl)	autoritetet (pl)	[autoritétɛt]
superiores (m pl)	eprorët (pl)	[ɛprórət]
gobernador (m)	guvernator (m)	[guvɛrnatór]
cónsul (m)	konsull (m)	[kónsuɫ]
diplomático (m)	diplomat (m)	[diplomát]
alcalde (m)	kryetar komune (m)	[kryɛtár komúnɛ]
sheriff (m)	sherif (m)	[ʃɛríf]
emperador (m)	perandor (m)	[pɛrandór]
zar (m)	car (m)	[tsár]
faraón (m)	faraon (m)	[faraón]
jan (m), kan (m)	khan (m)	[khán]

160. Violar la ley. Los criminales. Unidad 1

bandido (m)	bandit (m)	[bandít]
crimen (m)	krim (m)	[krim]
criminal (m)	kriminel (m)	[kriminél]
ladrón (m)	hajdut (m)	[hajdút]
robar (vt)	vjedh	[vjɛð]
robo (m)	vjedhje (f)	[vjéðjɛ]
secuestrar (vt)	rrëmbej	[rəmbéj]
secuestro (m)	rrëmbim (m)	[rəmbím]

secuestrador (m)	rrëmbyes (m)	[rəmbýɛs]
rescate (m)	shpërblesë (f)	[ʃpərblésə]
exigir un rescate	kërkoj shpërblesë	[kərkój ʃpərblésə]

robar (vt)	grabis	[grabís]
robo (m)	grabitje (f)	[grabítjɛ]
atracador (m)	grabitës (m)	[grabítəs]

extorsionar (vt)	zhvat	[ʒvat]
extorsionista (m)	zhvatës (m)	[ʒvátəs]
extorsión (f)	zhvatje (f)	[ʒvátjɛ]

matar, asesinar (vt)	vras	[vras]
asesinato (m)	vrasje (f)	[vrásjɛ]
asesino (m)	vrasës (m)	[vrásəs]

tiro (m), disparo (m)	e shtënë (f)	[ɛ ʃténə]
disparar (vi)	qëlloj	[cəłój]
matar (a tiros)	qëlloj për vdekje	[cəłój pər vdékjɛ]
tirar (vi)	qëlloj	[cəłój]
tiroteo (m)	të shtëna (pl)	[tə ʃténa]
incidente (m)	incident (m)	[intsidént]
pelea (f)	përleshje (f)	[pərléʃjɛ]
¡Socorro!	Ndihmë!	[ndíhmə!]
víctima (f)	viktimë (f)	[viktímə]

perjudicar (vt)	dëmtoj	[dəmtój]
daño (m)	dëm (m)	[dəm]
cadáver (m)	kufomë (f)	[kufómə]
grave (un delito ~)	i rëndë	[i réndə]

atacar (vt)	sulmoj	[sulmój]
pegar (golpear)	rrah	[rah]
apporear (vt)	sakatoj	[sakatój]
quitar (robar)	rrëmbej	[rəmbéj]
acuchillar (vt)	ther për vdekje	[θɛr pər vdékjɛ]
mutilar (vt)	gjymtoj	[ɟymtój]
herir (vt)	plagos	[plagós]

chantaje (m)	shantazh (m)	[ʃantáʒ]
hacer chantaje	bëj shantazh	[bəj ʃantáʒ]
chantajista (m)	shantazhist (m)	[ʃantaʒíst]

extorsión (f)	rrjet mashtrimi (m)	[rjét maʃtrími]
extorsionador (m)	mashtrues (m)	[maʃtrúɛs]
gángster (m)	gangster (m)	[gaŋstér]
mafia (f)	mafia (f)	[máfia]

carterista (m)	vjedhës xhepash (m)	[vjéðəs dʒépaʃ]
ladrón (m) de viviendas	hajdut (m)	[hajdút]
contrabandismo (m)	trafikim (m)	[trafikím]
contrabandista (m)	trafikues (m)	[trafikúɛs]

falsificación (f)	falsifikim (m)	[falsifikím]
falsificar (vt)	falsifikoj	[falsifikój]
falso (falsificado)	fals	[fáls]

161. Violar la ley. Los criminales. Unidad 2

violación (f)	përdhunim (m)	[pərðuním]
violar (vt)	përdhunoj	[pərðunój]
violador (m)	përdhunues (m)	[pərðunúɛs]
maníaco (m)	maniak (m)	[maniák]

prostituta (f)	prostitutë (f)	[prostitútə]
prostitución (f)	prostitucion (m)	[prostitutsión]
chulo (m), proxeneta (m)	tutor (m)	[tutór]

drogadicto (m)	narkoman (m)	[narkomán]
narcotraficante (m)	trafikant droge (m)	[trafikánt drógɛ]

hacer explotar	shpërthej	[ʃpərθéj]
explosión (f)	shpërthim (m)	[ʃpərθím]
incendiar (vt)	vë flakën	[və flákən]
incendiario (m)	zjarrvënës (m)	[zjarvénəs]

terrorismo (m)	terrorizëm (m)	[tɛrorízəm]
terrorista (m)	terrorist (m)	[tɛroríst]
rehén (m)	peng (m)	[pɛŋ]

estafar (vt)	mashtroj	[maʃtrój]
estafa (f)	mashtrim (m)	[maʃtrím]
estafador (m)	mashtrues (m)	[maʃtrúɛs]

sobornar (vt)	jap ryshfet	[jap ryʃfét]
soborno (m) (delito)	ryshfet (m)	[ryʃfét]
soborno (m) (dinero, etc.)	ryshfet (m)	[ryʃfét]

veneno (m)	helm (m)	[hɛlm]
envenenar (vt)	helmoj	[hɛlmój]
envenenarse (vr)	helmohem	[hɛlmóhɛm]

suicidio (m)	vetëvrasje (f)	[vɛtəvrásjɛ]
suicida (m, f)	vetëvrasës (m)	[vɛtəvrásəs]

amenazar (vt)	kërcënoj	[kərtsənój]
amenaza (f)	kërcënim (m)	[kərtsəním]
atentar (vi)	tentoj	[tɛntój]
atentado (m)	atentat (m)	[atɛntát]

robar (un coche)	vjedh	[vjɛð]
secuestrar (un avión)	rrëmbej	[rəmbéj]

venganza (f)	hakmarrje (f)	[hakmárjɛ]
vengar (vt)	hakmerrem	[hakmérɛm]

torturar (vt)	torturoj	[torturój]
tortura (f)	torturë (f)	[tortúrə]
atormentar (vt)	torturoj	[torturój]

pirata (m)	pirat (m)	[pirát]
gamberro (m)	huligan (m)	[huligán]

armado (adj)	i armatosur	[i armatósur]
violencia (f)	dhunë (f)	[ðúnə]
ilegal (adj)	ilegal	[ilɛgál]

| espionaje (m) | spiunazh (m) | [spiunáʒ] |
| espiar (vi, vt) | spiunoj | [spiunój] |

162. La policía. La ley. Unidad 1

| justicia (f) | drejtësi (f) | [drɛjtəsí] |
| tribunal (m) | gjykatë (f) | [ɟykátə] |

juez (m)	gjykatës (m)	[ɟykátəs]
jurados (m pl)	anëtar jurie (m)	[anətár juríɛ]
tribunal (m) de jurados	gjyq me juri (m)	[ɟýc mɛ jurí]
juzgar (vt)	gjykoj	[ɟykój]

abogado (m)	avokat (m)	[avokát]
acusado (m)	pandehur (m)	[pandéhur]
banquillo (m) de los acusados	bankë e të pandehurit (f)	[bánkə ɛ tə pandéhurit]

| inculpación (f) | akuzë (f) | [akúzə] |
| inculpado (m) | i akuzuar (m) | [i akuzúar] |

| sentencia (f) | vendim (m) | [vɛndím] |
| sentenciar (vt) | dënoj | [dənój] |

culpable (m)	fajtor (m)	[fajtór]
castigar (vt)	ndëshkoj	[ndəʃkój]
castigo (m)	ndëshkim (m)	[ndəʃkím]

multa (f)	gjobë (f)	[ɟóbə]
cadena (f) perpetua	burgim i përjetshëm (m)	[burgím i pərjétʃəm]
pena (f) de muerte	dënim me vdekje (m)	[dəním mɛ vdékjɛ]
silla (f) eléctrica	karrige elektrike (f)	[karígɛ ɛlɛktríkɛ]
horca (f)	varje (f)	[várjɛ]

| ejecutar (vt) | ekzekutoj | [ɛkzɛkutój] |
| ejecución (f) | ekzekutim (m) | [ɛkzɛkutím] |

| prisión (f) | burg (m) | [búrg] |
| celda (f) | qeli (f) | [cɛlí] |

escolta (f)	eskortë (f)	[ɛskórtə]
guardia (m) de prisiones	gardian burgu (m)	[gardián búrgu]
prisionero (m)	i burgosur (m)	[i burgósur]

| esposas (f pl) | pranga (f) | [práŋa] |
| esposar (vt) | vë prangat | [və práŋat] |

escape (m)	arratisje nga burgu (f)	[aratísjɛ ŋa búrgu]
escaparse (vr)	arratisem	[aratísɛm]
desaparecer (vi)	zhduk	[ʒduk]
liberar (vt)	dal nga burgu	[dál ŋa búrgu]

amnistía (f)	amnisti (f)	[amnistí]
policía (f) (~ nacional)	polici (f)	[politsí]
policía (m)	polic (m)	[políts]
comisaría (f) de policía	komisariat (m)	[komisariát]
porra (f)	shkop gome (m)	[ʃkop gómɛ]
megáfono (m)	altoparlant (m)	[altoparlánt]

coche (m) patrulla	makinë patrullimi (f)	[makínə patruɬími]
sirena (f)	alarm (m)	[alárm]
poner la sirena	ndez sirenën	[ndɛz sirénən]
canto (m) de la sirena	zhurmë alarmi (f)	[ʒúrmə alármi]

escena (f) del delito	skenë krimi (f)	[skénə krími]
testigo (m)	dëshmitar (m)	[dəʃmitár]
libertad (f)	liri (f)	[lirí]
cómplice (m)	bashkëpunëtor (m)	[baʃkəpunətór]
escapar de …	zhdukem	[ʒdúkɛm]
rastro (m)	gjurmë (f)	[ɟúrmə]

163. La policía. La ley. Unidad 2

búsqueda (f)	kërkim (m)	[kərkím]
buscar (~ el criminal)	kërkoj …	[kərkój …]
sospecha (f)	dyshim (m)	[dyʃím]
sospechoso (adj)	i dyshuar	[i dyʃúar]
parar (~ en la calle)	ndaloj	[ndalój]
retener (vt)	mbaj të ndaluar	[mbáj tə ndalúar]

causa (f) (~ penal)	padi (f)	[padí]
investigación (f)	hetim (m)	[hɛtím]
detective (m)	detektiv (m)	[dɛtɛktív]
investigador (m)	hetues (m)	[hɛtúɛs]
versión (f)	hipotezë (f)	[hipotézə]

motivo (m)	motiv (m)	[motív]
interrogatorio (m)	marrje në pyetje (f)	[márjɛ nə pýɛtjɛ]
interrogar (vt)	marr në pyetje	[mar nə pýɛtjɛ]
interrogar (al testigo)	pyes	[pýɛs]
control (m) (de vehículos, etc.)	verifikim (m)	[vɛrifikím]

redada (f)	kontroll në grup (m)	[kontróɬ nə grúp]
registro (m) (~ de la casa)	bastisje (f)	[bastísjɛ]
persecución (f)	ndjekje (f)	[ndjékjɛ]
perseguir (vt)	ndjek	[ndjék]
rastrear (~ al criminal)	ndjek	[ndjék]

arresto (m)	arrestim (m)	[arɛstím]
arrestar (vt)	arrestoj	[arɛstój]
capturar (vt)	kap	[kap]
captura (f)	kapje (f)	[kápjɛ]

documento (m)	dokument (m)	[dokumént]
prueba (f)	provë (f)	[próvə]
probar (vt)	dëshmoj	[dəʃmój]

huella (f) (pisada)	**gjurmë** (f)	[ɟúrmə]
huellas (f pl) digitales	**shenja gishtash** (pl)	[ʃéɲa gíʃtaʃ]
elemento (m) de prueba	**provë** (f)	[próvə]

coartada (f)	**alibi** (f)	[alibí]
inocente (no culpable)	**i pafajshëm**	[i pafájʃəm]
injusticia (f)	**padrejtësi** (f)	[padrɛjtəsí]
injusto (adj)	**i padrejtë**	[i padréjtə]

criminal (adj)	**kriminale**	[kriminálɛ]
confiscar (vt)	**konfiskoj**	[konfiskój]
narcótico (f)	**drogë** (f)	[drógə]
arma (f)	**armë** (f)	[ármə]
desarmar (vt)	**çarmatos**	[tʃarmatós]
ordenar (vt)	**urdhëroj**	[urðərój]
desaparecer (vi)	**zhduk**	[ʒduk]

ley (f)	**ligj** (m)	[liɟ]
legal (adj)	**ligjor**	[liɟór]
ilegal (adj)	**i paligjshëm**	[i palíɟʃəm]

responsabilidad (f)	**përgjegjësi** (f)	[pərɟɛɟəsí]
responsable (adj)	**përgjegjës**	[pərɟéɟəs]

LA NATURALEZA

La tierra. Unidad 1

164. El espacio

cosmos (m)	hapësirë (f)	[hapəsírə]
espacial, cósmico (adj)	hapësinor	[hapəsinór]
espacio (m) cósmico	kozmos (m)	[kozmós]
mundo (m)	botë (f)	[bótə]
universo (m)	univers	[univérs]
galaxia (f)	galaksi (f)	[galaksí]
estrella (f)	yll (m)	[yɫ]
constelación (f)	yllësi (f)	[yɫəsí]
planeta (m)	planet (m)	[planét]
satélite (m)	satelit (m)	[satɛlít]
meteorito (m)	meteor (m)	[mɛtɛór]
cometa (f)	kometë (f)	[kométə]
asteroide (m)	asteroid (m)	[astɛroíd]
órbita (f)	orbitë (f)	[orbítə]
girar (vi)	rrotullohet	[rotuɫóhɛt]
atmósfera (f)	atmosferë (f)	[atmosférə]
Sol (m)	Dielli (m)	[diéɫi]
Sistema (m) Solar	sistemi diellor (m)	[sistémi diɛɫór]
eclipse (m) de Sol	eklips diellor (m)	[ɛklíps diɛɫór]
Tierra (f)	Toka (f)	[tóka]
Luna (f)	Hëna (f)	[hə́na]
Marte (m)	Marsi (m)	[mársi]
Venus (f)	Venera (f)	[vɛnéra]
Júpiter (m)	Jupiteri (m)	[jupitéri]
Saturno (m)	Saturni (m)	[satúrni]
Mercurio (m)	Merkuri (m)	[mɛrkúri]
Urano (m)	Urani (m)	[uráni]
Neptuno (m)	Neptuni (m)	[nɛptúni]
Plutón (m)	Pluto (f)	[plúto]
la Vía Láctea	Rruga e Qumështit (f)	[rúga ɛ cúməʃtit]
la Osa Mayor	Arusha e Madhe (f)	[arúʃa ɛ máðɛ]
la Estrella Polar	ylli i Veriut (m)	[ýɫi i vériut]
marciano (m)	Marsian (m)	[marsián]
extraterrestre (m)	jashtëtokësor (m)	[jaʃtətokəsór]

planetícola (m)	alien (m)	[alién]
platillo (m) volante	disk fluturues (m)	[dísk fluturúɛs]
nave (f) espacial	anije kozmike (f)	[aníjɛ kozmíkɛ]
estación (f) orbital	stacion kozmik (m)	[statsión kozmík]
despegue (m)	ngritje (f)	[ŋrítjɛ]
motor (m)	motor (m)	[motór]
tobera (f)	dizë (f)	[dízə]
combustible (m)	karburant (m)	[karburánt]
carlinga (f)	kabinë pilotimi (f)	[kabínə pilotími]
antena (f)	antenë (f)	[anténə]
ventana (f)	dritare anësore (f)	[dritárɛ anəsórɛ]
batería (f) solar	panel solar (m)	[panél solár]
escafandra (f)	veshje astronauti (f)	[véʃjɛ astronáuti]
ingravidez (f)	mungesë graviteti (f)	[muŋésə gravitéti]
oxígeno (m)	oksigjen (m)	[oksiɟén]
atraque (m)	ndërlidhje në hapësirë (f)	[ndərlíðjɛ nə hapəsírə]
realizar el atraque	stacionohem	[statsionóhɛm]
observatorio (m)	observator (m)	[obsɛrvatór]
telescopio (m)	teleskop (m)	[tɛlɛskóp]
observar (vt)	vëzhgoj	[vəʒgój]
explorar (~ el universo)	eksploroj	[ɛksplorój]

165. La tierra

Tierra (f)	Toka (f)	[tóka]
globo (m) terrestre	globi (f)	[glóbi]
planeta (m)	planet (m)	[planét]
atmósfera (f)	atmosferë (f)	[atmosférə]
geografía (f)	gjeografi (f)	[ɟɛografí]
naturaleza (f)	natyrë (f)	[natýrə]
globo (m) terráqueo	glob (m)	[glob]
mapa (m)	hartë (f)	[hártə]
atlas (m)	atlas (m)	[atlás]
Europa (f)	Evropa (f)	[ɛvrópa]
Asia (f)	Azia (f)	[azía]
África (f)	Afrika (f)	[afríka]
Australia (f)	Australia (f)	[australía]
América (f)	Amerika (f)	[amɛríka]
América (f) del Norte	Amerika Veriore (f)	[amɛríka vɛriórɛ]
América (f) del Sur	Amerika Jugore (f)	[amɛríka jugórɛ]
Antártida (f)	Antarktika (f)	[antarktíka]
Ártico (m)	Arktiku (m)	[arktíku]

166. Los puntos cardinales

norte (m)	veri (m)	[vɛrí]
al norte	drejt veriut	[dréjt vériut]
en el norte	në veri	[nə vɛrí]
del norte (adj)	verior	[vɛriór]

sur (m)	jug (m)	[jug]
al sur	drejt jugut	[dréjt júgut]
en el sur	në jug	[nə jug]
del sur (adj)	jugor	[jugór]

oeste (m)	perëndim (m)	[pɛrəndím]
al oeste	drejt perëndimit	[dréjt pɛrəndímit]
en el oeste	në perëndim	[nə pɛrəndím]
del oeste (adj)	perëndimor	[pɛrəndimór]

este (m)	lindje (f)	[líndjɛ]
al este	drejt lindjes	[dréjt líndjɛs]
en el este	në lindje	[nə líndjɛ]
del este (adj)	lindor	[lindór]

167. El mar. El océano

mar (m)	det (m)	[dét]
océano (m)	oqean (m)	[ocɛán]
golfo (m)	gji (m)	[ɟi]
estrecho (m)	ngushticë (f)	[ŋuʃtítsə]

| tierra (f) firme | tokë (f) | [tókə] |
| continente (m) | kontinent (m) | [kontinént] |

isla (f)	ishull (m)	[íʃuɫ]
península (f)	gadishull (m)	[gadíʃuɫ]
archipiélago (m)	arkipelag (m)	[arkipɛlág]

bahía (f)	gji (m)	[ɟi]
puerto (m)	port (m)	[port]
laguna (f)	lagunë (f)	[lagúnə]
cabo (m)	kep (m)	[kɛp]

atolón (m)	atol (m)	[atól]
arrecife (m)	shkëmb nënujor (m)	[ʃkəmb nənujór]
coral (m)	koral (m)	[korál]
arrecife (m) de coral	korale nënujorë (f)	[korálɛ nənujórə]

profundo (adj)	i thellë	[i θéɫə]
profundidad (f)	thellësi (f)	[θɛɫəsí]
abismo (m)	humnerë (f)	[humnérə]
fosa (f) oceánica	hendek (m)	[hɛndék]

| corriente (f) | rrymë (f) | [rýmə] |
| bañar (rodear) | rrethohet | [rɛθóhɛt] |

orilla (f)	breg (m)	[brɛg]
costa (f)	bregdet (m)	[brɛgdét]
flujo (m)	batica (f)	[batítsa]
reflujo (m)	zbaticë (f)	[zbatítsə]
banco (m) de arena	cekëtinë (f)	[tsɛkətínə]
fondo (m)	fund i detit (m)	[fúnd i détit]
ola (f)	dallgë (f)	[dáɫgə]
cresta (f) de la ola	kreshtë (f)	[kréʃtə]
espuma (f)	shkumë (f)	[ʃkúmə]
tempestad (f)	stuhi (f)	[stuhí]
huracán (m)	uragan (m)	[uragán]
tsunami (m)	cunam (m)	[tsunám]
bonanza (f)	qetësi (f)	[cɛtəsí]
calmo, tranquilo	i qetë	[i cétə]
polo (m)	pol (m)	[pol]
polar (adj)	polar	[polár]
latitud (f)	gjerësi (f)	[ɟɛrəsí]
longitud (f)	gjatësi (f)	[ɟatəsí]
paralelo (m)	paralele (f)	[paralélɛ]
ecuador (m)	ekuator (m)	[ɛkuatór]
cielo (m)	qiell (m)	[cíɛɫ]
horizonte (m)	horizont (m)	[horizónt]
aire (m)	ajër (m)	[ájər]
faro (m)	fanar (m)	[fanár]
bucear (vi)	zhytem	[ʒýtɛm]
hundirse (vr)	fundosje	[fundósjɛ]
tesoros (m pl)	thesare (pl)	[θɛsárɛ]

168. Las montañas

montaña (f)	mal (m)	[mal]
cadena (f) de montañas	vargmal (m)	[vargmál]
cresta (f) de montañas	kresht malor (m)	[kréʃt malór]
cima (f)	majë (f)	[májə]
pico (m)	maja më e lartë (f)	[mája mə ɛ lártə]
pie (m)	rrëza e malit (f)	[rəza ɛ málit]
cuesta (f)	shpat (m)	[ʃpat]
volcán (m)	vullkan (m)	[vuɫkán]
volcán (m) activo	vullkan aktiv (m)	[vuɫkán aktív]
volcán (m) apagado	vullkan i fjetur (m)	[vuɫkán i fjétur]
erupción (f)	shpërthim (m)	[ʃpərθím]
cráter (m)	krater (m)	[kratér]
magma (f)	magmë (f)	[mágmə]
lava (f)	llavë (f)	[ɫávə]

fundido (lava ~a)	i shkrirë	[i ʃkrírə]
cañón (m)	kanion (m)	[kanión]
desfiladero (m)	grykë (f)	[grýkə]
grieta (f)	çarje (f)	[tʃárjɛ]
precipicio (m)	humnerë (f)	[humnérə]

puerto (m) (paso)	kalim (m)	[kalím]
meseta (f)	pllajë (f)	[pɬájə]
roca (f)	shkëmb (m)	[ʃkəmb]
colina (f)	kodër (f)	[kódər]

glaciar (m)	akullnajë (f)	[akuɬnájə]
cascada (f)	ujëvarë (f)	[ujəvárə]
geiser (m)	gejzer (m)	[gɛjzér]
lago (m)	liqen (m)	[licén]

llanura (f)	fushë (f)	[fúʃə]
paisaje (m)	peizazh (m)	[pɛizáʒ]
eco (m)	jehonë (f)	[jɛhónə]

alpinista (m)	alpinist (m)	[alpiníst]
escalador (m)	alpinist shkëmbßinjsh (m)	[alpiníst ʃkəmbiɲʃ]
conquistar (vt)	pushtoj majën	[puʃtój májən]
ascensión (f)	ngjitje (f)	[ɲítjɛ]

169. Los ríos

río (m)	lum (m)	[lum]
manantial (m)	burim (m)	[burím]
lecho (m) (curso de agua)	shtrat lumi (m)	[ʃtrat lúmi]
cuenca (f) fluvial	basen (m)	[basén]
desembocar en …	rrjedh …	[rjéð …]

afluente (m)	derdhje (f)	[dérðjɛ]
ribera (f)	breg (m)	[brɛg]

corriente (f)	rrymë (f)	[rýmə]
río abajo (adv)	rrjedhje e poshtme	[rjéðjɛ ɛ póʃtmɛ]
río arriba (adv)	rrjedhje e sipërme	[rjéðjɛ ɛ sípərmɛ]

inundación (f)	vërshim (m)	[vərʃím]
riada (f)	përmbytje (f)	[pərmbýtjɛ]
desbordarse (vr)	vërshon	[vərʃón]
inundar (vt)	përmbytet	[pərmbýtɛt]

bajo (m) arenoso	cekëtinë (f)	[tsɛkətínə]
rápido (m)	rrjedhë (f)	[rjéðə]

presa (f)	digë (f)	[dígə]
canal (m)	kanal (m)	[kanál]
lago (m) artificiale	rezervuar (m)	[rɛzɛrvuár]
esclusa (f)	pendë ujore (f)	[péndə ujórɛ]
cuerpo (m) de agua	plan hidrik (m)	[plan hidrík]
pantano (m)	kënetë (f)	[kənétə]

ciénaga (m)	moçal (m)	[motʃ ál]
remolino (m)	vorbull (f)	[vórbuɫ]
arroyo (m)	përrua (f)	[pərúa]
potable (adj)	i pijshëm	[i píjʃəm]
dulce (agua ~)	i freskët	[i fréskət]
hielo (m)	akull (m)	[ákuɫ]
helarse (el lago, etc.)	ngrihet	[ŋríhɛt]

170. El bosque

bosque (m)	pyll (m)	[pyɫ]
de bosque (adj)	pyjor	[pyjór]
espesura (f)	pyll i ngjeshur (m)	[pyɫ i ɲɟéʃur]
bosquecillo (m)	zabel (m)	[zabél]
claro (m)	lëndinë (f)	[ləndínə]
maleza (f)	pyllëz (m)	[pýɫəz]
matorral (m)	shkurre (f)	[ʃkúrɛ]
senda (f)	shteg (m)	[ʃtɛg]
barranco (m)	hon (m)	[hon]
árbol (m)	pemë (f)	[pémə]
hoja (f)	gjeth (m)	[ɟɛθ]
follaje (m)	gjethe (pl)	[ɟéθɛ]
caída (f) de hojas	rënie e gjetheve (f)	[rəníɛ ɛ ɟéθɛvɛ]
caer (las hojas)	bien	[bíɛn]
cima (f)	maje (f)	[májɛ]
rama (f)	degë (f)	[dégə]
rama (f) (gruesa)	degë (f)	[dégə]
brote (m)	syth (m)	[syθ]
aguja (f)	shtiza pishe (f)	[ʃtíza píʃɛ]
piña (f)	lule pishe (f)	[lúlɛ píʃɛ]
agujero (m)	zgavër (f)	[zgávər]
nido (m)	fole (f)	[folé]
madriguera (f)	strofull (f)	[strófuɫ]
tronco (m)	trung (m)	[truŋ]
raíz (f)	rrënjë (f)	[réɲə]
corteza (f)	lëvore (f)	[ləvórɛ]
musgo (m)	myshk (m)	[myʃk]
extirpar (vt)	shkul	[ʃkul]
talar (vt)	pres	[prɛs]
deforestar (vt)	shpyllëzoj	[ʃpyɫəzój]
tocón (m)	cung (m)	[tsúŋ]
hoguera (f)	zjarr kampingu (m)	[zjar kampíŋu]
incendio (m)	zjarr në pyll (m)	[zjar nə pyɫ]

apagar (~ el incendio)	shuaj	[ʃúaj]
guarda (m) forestal	roje pyjore (f)	[rójɛ pyjórɛ]
protección (f)	mbrojtje (f)	[mbrójtjɛ]
proteger (vt)	mbroj	[mbrój]
cazador (m) furtivo	gjahtar i jashtëligjshëm (m)	[ɟahtár i jaʃtəlíʃʃəm]
cepo (m)	grackë (f)	[grátskə]

recoger (setas, bayas)	mbledh	[mbléð]
perderse (vr)	humb rrugën	[húmb rúgən]

171. Los recursos naturales

recursos (m pl) naturales	burime natyrore (pl)	[burímɛ natyrórɛ]
minerales (m pl)	minerale (pl)	[minɛrálɛ]
depósitos (m pl)	depozita (pl)	[dɛpozíta]
yacimiento (m)	fushë (f)	[fúʃə]

extraer (vt)	nxjerr	[ndzjér]
extracción (f)	nxjerrje mineralesh (f)	[ndzjérjɛ minɛrálɛʃ]
mineral (m)	xehe (f)	[dzéhɛ]
mina (f)	minierë (f)	[miniérə]
pozo (m) de mina	nivel (m)	[nivél]
minero (m)	minator (m)	[minatór]

gas (m)	gaz (m)	[gaz]
gasoducto (m)	gazsjellës (m)	[gazsjéɫəs]

petróleo (m)	naftë (f)	[náftə]
oleoducto (m)	naftësjellës (f)	[naftəsjéɫəs]
torre (f) petrolera	pus nafte (m)	[pus náftɛ]
torre (f) de sondeo	burim nafte (m)	[burím náftɛ]
petrolero (m)	anije-cisternë (f)	[aníjɛ-tsistérnə]
arena (f)	rërë (f)	[rə́rə]
caliza (f)	gur gëlqeror (m)	[gur gəlcɛrór]
grava (f)	zhavorr (m)	[ʒavór]
turba (f)	torfë (f)	[tórfə]
arcilla (f)	argjilë (f)	[arɟílə]
carbón (m)	qymyr (m)	[cymýr]

hierro (m)	hekur (m)	[hékur]
oro (m)	ar (m)	[ár]
plata (f)	argjend (m)	[arɟénd]
níquel (m)	nikel (m)	[nikél]
cobre (m)	bakër (m)	[bákər]

zinc (m)	zink (m)	[zink]
manganeso (m)	mangan (m)	[maŋán]
mercurio (m)	merkur (m)	[mɛrkúr]
plomo (m)	plumb (m)	[plúmb]

mineral (m)	mineral (m)	[minɛrál]
cristal (m)	kristal (m)	[kristál]
mármol (m)	mermer (m)	[mɛrmér]
uranio (m)	uranium (m)	[uraniúm]

La tierra. Unidad 2

172. El tiempo

tiempo (m)	moti (m)	[móti]
previsión (m) del tiempo	parashikimi i motit (m)	[paraʃikími i mótit]
temperatura (f)	temperaturë (f)	[tɛmpɛratúrə]
termómetro (m)	termometër (m)	[tɛrmométər]
barómetro (m)	barometër (m)	[barométər]
húmedo (adj)	i lagësht	[i lágəʃt]
humedad (f)	lagështi (f)	[lagəʃtí]
bochorno (m)	vapë (f)	[vápə]
tórrido (adj)	shumë nxehtë	[ʃúmə ndzéhtə]
hace mucho calor	është nxehtë	[əʃtə ndzéhtə]
hace calor (templado)	është ngrohtë	[əʃtə ŋróhtə]
templado (adj)	ngrohtë	[ŋróhtə]
hace frío	bën ftohtë	[bən ftóhtə]
frío (adj)	i ftohtë	[i ftóhtə]
sol (m)	diell (m)	[díɛɫ]
brillar (vi)	ndriçon	[ndritʃón]
soleado (un día ~)	me diell	[mɛ díɛɫ]
elevarse (el sol)	agon	[agón]
ponerse (vr)	perëndon	[pɛrəndón]
nube (f)	re (f)	[rɛ]
nuboso (adj)	vranët	[vránət]
nubarrón (m)	re shiu (f)	[rɛ ʃiu]
nublado (adj)	vranët	[vránət]
lluvia (f)	shi (m)	[ʃi]
está lloviendo	bie shi	[bíɛ ʃi]
lluvioso (adj)	me shi	[mɛ ʃi]
lloviznar (vi)	shi i imët	[ʃi i ímət]
aguacero (m)	shi litar (m)	[ʃi litár]
chaparrón (m)	stuhi shiu (f)	[stuhí ʃiu]
fuerte (la lluvia ~)	i fortë	[i fórtə]
charco (m)	brakë (f)	[brákə]
mojarse (vr)	lagem	[lágɛm]
niebla (f)	mjegull (f)	[mjéguɫ]
nebuloso (adj)	e mjegullt	[ɛ mjéguɫt]
nieve (f)	borë (f)	[bórə]
está nevando	bie borë	[bíɛ bórə]

173. Los eventos climáticos severos. Los desastres naturales

tormenta (f)	**stuhi** (f)	[stuhí]
relámpago (m)	**vetëtimë** (f)	[vɛtətímə]
relampaguear (vi)	**vetëton**	[vɛtətón]
trueno (m)	**bubullimë** (f)	[bubułímə]
tronar (vi)	**bubullon**	[bubułón]
está tronando	**bubullon**	[bubułón]
granizo (m)	**breshër** (m)	[bréʃər]
está granizando	**po bie breshër**	[po biɛ bréʃər]
inundar (vt)	**përmbytet**	[pərmbýtɛt]
inundación (f)	**përmbytje** (f)	[pərmbýtjɛ]
terremoto (m)	**tërmet** (m)	[tərmét]
sacudida (f)	**lëkundje** (f)	[ləkúndjɛ]
epicentro (m)	**epiqendër** (f)	[ɛpicéndər]
erupción (f)	**shpërthim** (m)	[ʃpərθím]
lava (f)	**llavë** (f)	[łávə]
torbellino (m)	**vorbull** (f)	[vórbuł]
tornado (m)	**tornado** (f)	[tornádo]
tifón (m)	**tajfun** (m)	[tajfún]
huracán (m)	**uragan** (m)	[uragán]
tempestad (f)	**stuhi** (f)	[stuhí]
tsunami (m)	**cunam** (m)	[tsunám]
ciclón (m)	**ciklon** (m)	[tsiklón]
mal tiempo (m)	**mot i keq** (m)	[mot i kɛc]
incendio (m)	**zjarr** (m)	[zjar]
catástrofe (f)	**fatkeqësi** (f)	[fatkɛcəsí]
meteorito (m)	**meteor** (m)	[mɛtɛór]
avalancha (f)	**ortek** (m)	[orték]
alud (m) de nieve	**rrëshqitje bore** (f)	[rəʃcítjɛ bórɛ]
ventisca (f)	**stuhi bore** (f)	[stuhí bórɛ]
nevasca (f)	**stuhi bore** (f)	[stuhí bórɛ]

La fauna

174. Los mamíferos. Los predadores

carnívoro (m)	grabitqar (m)	[grabitcár]
tigre (m)	tigër (m)	[tígər]
león (m)	luan (m)	[luán]
lobo (m)	ujk (m)	[ujk]
zorro (m)	dhelpër (f)	[ðélpər]
jaguar (m)	jaguar (m)	[jaguár]
leopardo (m)	leopard (m)	[lɛopárd]
guepardo (m)	gepard (m)	[gɛpárd]
pantera (f)	panterë e zezë (f)	[pantérə ɛ zézə]
puma (f)	puma (f)	[púma]
leopardo (m) de las nieves	leopard i borës (m)	[lɛopárd i bórəs]
lince (m)	rrëqebull (m)	[rəcébuł]
coyote (m)	kojotë (f)	[kojótə]
chacal (m)	çakall (m)	[tʃakáł]
hiena (f)	hienë (f)	[hiénə]

175. Los animales salvajes

animal (m)	kafshë (f)	[káfʃə]
bestia (f)	bishë (f)	[bíʃə]
ardilla (f)	ketër (m)	[kétər]
erizo (m)	iriq (m)	[iríc]
liebre (f)	lepur i egër (m)	[lépur i égər]
conejo (m)	lepur (m)	[lépur]
tejón (m)	vjedull (f)	[vjéduł]
mapache (m)	rakun (m)	[rakún]
hámster (m)	hamster (m)	[hamstér]
marmota (f)	marmot (m)	[marmót]
topo (m)	urith (m)	[uríθ]
ratón (m)	mi (m)	[mi]
rata (f)	mi (m)	[mi]
murciélago (m)	lakuriq (m)	[lakuríc]
armiño (m)	herminë (f)	[hɛrmínə]
cebellina (f)	kunadhe (f)	[kunáðɛ]
marta (f)	shqarth (m)	[ʃcarθ]
comadreja (f)	nuselalë (f)	[nusɛlálə]
visón (m)	vizon (m)	[vizón]

| castor (m) | kastor (m) | [kastór] |
| nutria (f) | vidër (f) | [vídər] |

caballo (m)	kali (m)	[káli]
alce (m)	dre brilopatë (m)	[drɛ brilopátə]
ciervo (m)	dre (f)	[drɛ]
camello (m)	deve (f)	[dévɛ]

bisonte (m)	bizon (m)	[bizón]
uro (m)	bizon evropian (m)	[bizón ɛvropián]
búfalo (m)	buall (m)	[búaɫ]

cebra (f)	zebër (f)	[zébər]
antílope (m)	antilopë (f)	[antilópə]
corzo (m)	dre (f)	[drɛ]
gamo (m)	dre ugar (m)	[drɛ ugár]
gamuza (f)	kamosh (m)	[kamóʃ]
jabalí (m)	derr i egër (m)	[dér i égər]

ballena (f)	balenë (f)	[balénə]
foca (f)	fokë (f)	[fókə]
morsa (f)	lopë deti (f)	[lópə déti]
oso (m) marino	fokë (f)	[fókə]
delfín (m)	delfin (m)	[dɛlfín]

oso (m)	ari (m)	[arí]
oso (m) blanco	ari polar (m)	[arí polár]
panda (f)	panda (f)	[pánda]

mono (m)	majmun (m)	[majmún]
chimpancé (m)	shimpanze (f)	[ʃimpánzɛ]
orangután (m)	orangutan (m)	[oraŋután]
gorila (m)	gorillë (f)	[goríɫə]
macaco (m)	majmun makao (m)	[majmún makáo]
gibón (m)	gibon (m)	[gibón]

elefante (m)	elefant (m)	[ɛlɛfánt]
rinoceronte (m)	rinoqeront (m)	[rinocɛrónt]
jirafa (f)	gjirafë (f)	[ɟiráfə]
hipopótamo (m)	hipopotam (m)	[hipopotám]

| canguro (m) | kangur (m) | [kaŋúr] |
| koala (f) | koala (f) | [koála] |

mangosta (f)	mangustë (f)	[maŋústə]
chinchilla (f)	çinçila (f)	[tʃintʃíla]
mofeta (f)	qelbës (m)	[célbəs]
espín (m)	ferrëgjatë (m)	[fɛrəɟátə]

176. Los animales domésticos

gata (f)	mace (f)	[mátsɛ]
gato (m)	maçok (m)	[matʃók]
perro (m)	qen (m)	[cɛn]

caballo (m)	kali (m)	[káli]
garañón (m)	hamshor (m)	[hamʃór]
yegua (f)	pelë (f)	[pélə]
vaca (f)	lopë (f)	[lópə]
toro (m)	dem (m)	[dém]
buey (m)	ka (m)	[ka]
oveja (f)	dele (f)	[délɛ]
carnero (m)	dash (m)	[daʃ]
cabra (f)	dhi (f)	[ði]
cabrón (m)	cjap (m)	[tsjáp]
asno (m)	gomar (m)	[gomár]
mulo (m)	mushkë (f)	[múʃkə]
cerdo (m)	derr (m)	[dɛr]
cerdito (m)	derrkuc (m)	[dɛrkúts]
conejo (m)	lepur (m)	[lépur]
gallina (f)	pulë (f)	[púlə]
gallo (m)	gjel (m)	[ɟél]
pato (m)	rosë (f)	[rósə]
ánade (m)	rosak (m)	[rosák]
ganso (m)	patë (f)	[pátə]
pavo (m)	gjel deti i egër (m)	[ɟél déti i égər]
pava (f)	gjel deti (m)	[ɟél déti]
animales (m pl) domésticos	kafshë shtëpiake (f)	[káfʃə ʃtəpiákɛ]
domesticado (adj)	i zbutur	[i zbútur]
domesticar (vt)	zbus	[zbus]
criar (vt)	rrit	[rit]
granja (f)	fermë (f)	[férmə]
aves (f pl) de corral	pulari (f)	[pularí]
ganado (m)	bagëti (f)	[bagətí]
rebaño (m)	kope (f)	[kopé]
caballeriza (f)	stallë (f)	[stáɫə]
porqueriza (f)	stallë e derrave (f)	[stáɫə ɛ déravɛ]
vaquería (f)	stallë e lopëve (f)	[stáɫə ɛ lópəvɛ]
conejal (m)	kolibe lepujsh (f)	[kolíbɛ lépujʃ]
gallinero (m)	kotec (m)	[kotéts]

177. Los perros. Las razas de perros

perro (m)	qen (m)	[cɛn]
perro (m) pastor	qen dhensh (m)	[cɛn ðɛnʃ]
pastor (m) alemán	pastor gjerman (m)	[pastór ɟɛrmán]
caniche (m), poodle (m)	pudël (f)	[púdəl]
teckel (m)	dakshund (m)	[dákshund]
buldog (m)	bulldog (m)	[buɫdóg]

bóxer (m)	bokser (m)	[boksér]
mastín (m) inglés	mastif (m)	[mastíf]
rottweiler (m)	rotvailer (m)	[rotvailér]
dóberman (m)	doberman (m)	[dobɛrmán]

basset hound (m)	baset (m)	[basét]
Bobtail (m)	bishtshkurtër (m)	[biʃtʃkúrtər]
dálmata (m)	dalmat (m)	[dalmát]
cocker spaniel (m)	koker spaniel (m)	[kokér spaniél]

Terranova (m)	terranova (f)	[tɛranóva]
san bernardo (m)	Seint-Bernard (m)	[séint-bɛrnárd]

husky (m)	haski (m)	[háski]
chow chow (m)	çau çau (m)	[tʃáu tʃáu]
pomerania (m)	dhelpërush (m)	[ðɛlpərúʃ]
pug (m), carlino (m)	karlino (m)	[karlíno]

178. Los sonidos de los animales

ladrido (m)	lehje (f)	[léhjɛ]
ladrar (vi)	leh	[lɛh]
maullar (vi)	mjaullin	[mjauɫín]
ronronear (vi)	gërhimë	[gərhímə]

mugir (vi)	bën mu	[bən mú]
bramar (toro)	pëllet	[pəɫét]
rugir (vi)	hungërin	[huŋərín]

aullido (m)	hungërimë (f)	[huŋərímə]
aullar (vi)	hungëroj	[huŋərój]
gañir (vi)	angullin	[aŋuɫín]

balar (vi)	blegërin	[blɛgərín]
gruñir (cerdo)	hungërin	[huŋərín]
chillar (vi)	klith	[kliθ]

croar (vi)	bën kuak	[bən kuák]
zumbar (vi)	zukat	[zukát]
chirriar (vi)	gumëzhin	[guməʒín]

179. Los pájaros

pájaro (m)	zog (m)	[zog]
paloma (f)	pëllumb (m)	[pəɫúmb]
gorrión (m)	harabel (m)	[harabél]
paro (m)	xhixhimës (m)	[dʒidʒiməs]
cotorra (f)	laraskë (f)	[laráskə]

cuervo (m)	korb (m)	[korb]
corneja (f)	sorrë (f)	[sórə]
chova (f)	galë (f)	[gálə]

grajo (m)	sorrë (f)	[sórə]
pato (m)	rosë (f)	[rósə]
ganso (m)	patë (f)	[pátə]
faisán (m)	fazan (m)	[fazán]

águila (f)	shqiponjë (f)	[ʃcipóɲə]
azor (m)	gjeraqinë (f)	[ɟɛracínə]
halcón (m)	fajkua (f)	[fajkúa]

buitre (m)	hutë (f)	[hútə]
cóndor (m)	kondor (m)	[kondór]

cisne (m)	mjellmë (f)	[mjéɫmə]
grulla (f)	lejlek (m)	[lɛjlék]
cigüeña (f)	lejlek (m)	[lɛjlék]

loro (m), papagayo (m)	papagall (m)	[papagáɫ]
colibrí (m)	kolibri (m)	[kolíbri]
pavo (m) real	pallua (m)	[paɫúa]

avestruz (m)	struc (m)	[struts]
garza (f)	çafkë (f)	[tʃáfkə]

flamenco (m)	flamingo (m)	[flamíɲo]
pelícano (m)	pelikan (m)	[pɛlikán]

ruiseñor (m)	bilbil (m)	[bilbíl]
golondrina (f)	dallëndyshe (f)	[daɫəndýʃɛ]

tordo (m)	mëllenjë (f)	[məɫéɲə]
zorzal (m)	grifsha (f)	[grífʃa]
mirlo (m)	mëllenjë (f)	[məɫéɲə]

vencejo (m)	dallëndyshe (f)	[daɫəndýʃɛ]
alondra (f)	thëllëzë (f)	[θəɫézə]
codorniz (f)	trumcak (m)	[trumtsák]

pico (m)	qukapik (m)	[cukapík]
cuco (m)	kukuvajkë (f)	[kukuvájkə]
lechuza (f)	buf (m)	[buf]
búho (m)	buf mbretëror (m)	[buf mbrɛtərór]
urogallo (m)	fazan i pyllit (m)	[fazán i pýɫit]

gallo lira (m)	fazan i zi (m)	[fazán i zí]
perdiz (f)	thëllëzë (f)	[θəɫézə]

estornino (m)	gargull (m)	[gárguɫ]
canario (m)	kanarinë (f)	[kanarínə]
ortega (f)	fazan mali (m)	[fazán máli]

pinzón (m)	trishtil (m)	[triʃtíl]
camachuelo (m)	trishtil dimri (m)	[triʃtíl dímri]

gaviota (f)	pulëbardhë (f)	[puləbárðə]
albatros (m)	albatros (m)	[albatrós]
pingüino (m)	penguin (m)	[pɛŋuín]

180. Los pájaros. El canto y los sonidos

cantar (vi)	këndoj	[kəndój]
gritar, llamar (vi)	thërras	[θərás]
cantar (el gallo)	kakaris	[kakarís]
quiquiriquí (m)	kikiriku	[kikiríku]
cloquear (vi)	kakaris	[kakarís]
graznar (vi)	krokas	[krokás]
graznar, parpar (vi)	bën kuak kuak	[bən kuák kuák]
piar (vi)	pisket	[piskét]
gorjear (vi)	cicëroj	[tsitsərój]

181. Los peces. Los animales marinos

brema (f)	krapuliq (m)	[krapulíc]
carpa (f)	krap (m)	[krap]
perca (f)	perç (m)	[pɛrtʃ]
siluro (m)	mustak (m)	[musták]
lucio (m)	mlysh (m)	[mlýʃ]
salmón (m)	salmon (m)	[salmón]
esturión (m)	bli (m)	[blí]
arenque (m)	harengë (f)	[haréŋə]
salmón (m) del Atlántico	salmon Atlantiku (m)	[salmón atlantíku]
caballa (f)	skumbri (m)	[skúmbri]
lenguado (m)	shojzë (f)	[ʃójzə]
lucioperca (m)	troftë (f)	[tróftə]
bacalao (m)	merluc (m)	[mɛrlúts]
atún (m)	tunë (f)	[túnə]
trucha (f)	troftë (f)	[tróftə]
anguila (f)	ngjalë (f)	[ŋɟálə]
tembladera (f)	peshk elektrik (m)	[pɛʃk ɛlɛktrík]
morena (f)	ngjalë morel (f)	[ŋɟálə morél]
piraña (f)	piranja (f)	[piráɲa]
tiburón (m)	peshkaqen (m)	[pɛʃkacén]
delfín (m)	delfin (m)	[dɛlfín]
ballena (f)	balenë (f)	[balénə]
centolla (f)	gaforre (f)	[gafórɛ]
medusa (f)	kandil deti (m)	[kandíl déti]
pulpo (m)	oktapod (m)	[oktapód]
estrella (f) de mar	yll deti (m)	[yɫ déti]
erizo (m) de mar	iriq deti (m)	[iríc déti]
caballito (m) de mar	kalë deti (m)	[kálə déti]
ostra (f)	midhje (f)	[míðjɛ]
camarón (m)	karkalec (m)	[karkaléts]

| bogavante (m) | karavidhe (f) | [karavíðɛ] |
| langosta (f) | karavidhe (f) | [karavíðɛ] |

182. Los anfibios. Los reptiles

| serpiente (f) | gjarpër (m) | [ɟárpər] |
| venenoso (adj) | helmues | [hɛlmúɛs] |

víbora (f)	nepërka (f)	[nɛpérka]
cobra (f)	kobra (f)	[kóbra]
pitón (m)	piton (m)	[pitón]
boa (f)	boa (f)	[bóa]

culebra (f)	kular (m)	[kulár]
serpiente (m) de cascabel	gjarpër me zile (m)	[ɟárpər mɛ zílɛ]
anaconda (f)	anakonda (f)	[anakónda]

lagarto (f)	hardhucë (f)	[harðútsə]
iguana (f)	iguana (f)	[iguána]
varano (m)	varan (m)	[varán]
salamandra (f)	salamandër (f)	[salamándər]
camaleón (m)	kameleon (m)	[kamɛlɛón]
escorpión (m)	akrep (m)	[akrép]

tortuga (f)	breshkë (f)	[bréʃkə]
rana (f)	bretkosë (f)	[brɛtkósə]
sapo (m)	zhabë (f)	[ʒábə]
cocodrilo (m)	krokodil (m)	[krokodíl]

183. Los insectos

insecto (m)	insekt (m)	[insékt]
mariposa (f)	flutur (f)	[flútur]
hormiga (f)	milingonë (f)	[miliŋónə]
mosca (f)	mizë (f)	[mízə]
mosquito (m) (picadura de ~)	mushkonjë (f)	[muʃkóɲə]
escarabajo (m)	brumbull (m)	[brúmbuɫ]

avispa (f)	grerëz (f)	[grérəz]
abeja (f)	bletë (f)	[blétə]
abejorro (m)	greth (m)	[grɛθ]
moscardón (m)	zekth (m)	[zɛkθ]

| araña (f) | merimangë (f) | [mɛrimáŋə] |
| telaraña (f) | rrjetë merimange (f) | [rjétə mɛrimáŋɛ] |

libélula (f)	pilivesë (f)	[pilivésə]
saltamontes (m)	karkalec (m)	[karkaléts]
mariposa (f) nocturna	molë (f)	[mólə]

| cucaracha (f) | kacabu (f) | [katsabú] |
| garrapata (f) | rriqër (m) | [ríʧər] |

pulga (f)	plesht (m)	[plɛʃt]
mosca (f) negra	mushicë (f)	[muʃítsə]

langosta (f)	gjinkallë (f)	[ɟinkátə]
caracol (m)	kërmill (m)	[kərmít]
grillo (m)	bulkth (m)	[búlkθ]
luciérnaga (f)	xixëllonjë (f)	[dzidzətóɲə]
mariquita (f)	mollëkuqe (f)	[motəkúcɛ]
escarabajo (m) sanjuanero	vizhë (f)	[víʒə]

sanguijuela (f)	shushunjë (f)	[ʃuʃúɲə]
oruga (f)	vemje (f)	[vémjɛ]
gusano (m)	krimb toke (m)	[krímb tókɛ]
larva (f)	larvë (f)	[lárvə]

184. Los animales. Las partes del cuerpo

pico (m)	sqep (m)	[scɛp]
alas (f pl)	flatra (pl)	[flátra]
pata (f)	këmbë (f)	[kémbə]
plumaje (m)	pupla (pl)	[púpla]
pluma (f)	pupël (f)	[púpəl]
penacho (m)	kreshtë (f)	[kréʃtə]

branquias (f pl)	velëz (f)	[vélǝz]
huevas (f pl)	vezë peshku (f)	[vézǝ péʃku]
larva (f)	larvë (f)	[lárvǝ]
aleta (f)	krah (m)	[krah]
escamas (f pl)	luspë (f)	[lúspǝ]

colmillo (m)	dhëmb prerës (m)	[ðǝmb prérǝs]
garra (f), pata (f)	shputë (f)	[ʃpútǝ]
hocico (m)	turi (m)	[turí]
boca (f)	gojë (f)	[gójǝ]
cola (f)	bisht (m)	[bíʃt]
bigotes (m pl)	mustaqe (f)	[mustácɛ]

casco (m) (pezuña)	thundër (f)	[θúndǝr]
cuerno (m)	bri (m)	[brí]

caparazón (m)	karapaks (m)	[karapáks]
concha (f) (de moluscos)	guaskë (f)	[guáskǝ]
cáscara (f) (de huevo)	lëvozhgë veze (f)	[lǝvóʒgǝ vézɛ]

pelo (m) (de perro)	qime (f)	[címɛ]
piel (f) (de vaca, etc.)	lëkurë kafshe (f)	[lǝkúrǝ káfʃɛ]

185. Los animales. El hábitat

hábitat (m)	banesë (f)	[banésǝ]
migración (f)	migrim (m)	[migrím]
montaña (f)	mal (m)	[mal]

arrecife (m)	shkëmb nënujor (m)	[ʃkəmb nənujór]
roca (f)	shkëmb (m)	[ʃkəmb]
bosque (m)	pyll (m)	[pyɬ]
jungla (f)	xhungël (f)	[dʒúŋəl]
sabana (f)	savana (f)	[saván a]
tundra (f)	tundra (f)	[túndra]
estepa (f)	stepa (f)	[stépa]
desierto (m)	shkretëtirë (f)	[ʃkrɛtətírə]
oasis (m)	oazë (f)	[oázə]
mar (m)	det (m)	[dét]
lago (m)	liqen (m)	[licén]
océano (m)	oqean (m)	[ocɛán]
pantano (m)	kënetë (f)	[kənétə]
de agua dulce (adj)	ujëra të ëmbla	[újəra tə əmbla]
estanque (m)	pellg (m)	[pɛɬg]
río (m)	lum (m)	[lum]
cubil (m)	strofull (f)	[strófuɬ]
nido (m)	fole (f)	[folé]
agujero (m)	zgavër (f)	[zgávər]
madriguera (f)	strofull (f)	[strófuɬ]
hormiguero (m)	mal milingonash (m)	[mal miliŋónaʃ]

La flora

186. Los árboles

árbol (m)	pemë (f)	[pémə]
foliáceo (adj)	gjethor	[ɟɛθór]
conífero (adj)	halor	[halór]
de hoja perenne	përherë të gjelbra	[pərhérə tə ɟélbra]

manzano (m)	pemë molle (f)	[pémə mótɛ]
peral (m)	pemë dardhe (f)	[pémə dárðɛ]
cerezo (m)	pemë qershie (f)	[pémə cɛrʃíɛ]
guindo (m)	pemë qershi vishnje (f)	[pémə cɛrʃí víʃɲɛ]
ciruelo (m)	pemë kumbulle (f)	[pémə kúmbuɫɛ]

abedul (m)	mështekna (f)	[məʃtékna]
roble (m)	lis (m)	[lis]
tilo (m)	bli (m)	[blí]
pobo (m)	plep i egër (m)	[plɛp i égər]
arce (m)	panjë (f)	[páɲə]
picea (m)	bredh (m)	[brɛð]
pino (m)	pishë (f)	[píʃə]
alerce (m)	larsh (m)	[lárʃ]
abeto (m)	bredh i bardhë (m)	[brɛð i bárðə]
cedro (m)	kedër (m)	[kédər]

álamo (m)	plep (m)	[plɛp]
serbal (m)	vadhë (f)	[váðə]
sauce (m)	shelg (m)	[ʃɛlg]
aliso (m)	verr (m)	[vɛr]
haya (f)	ah (m)	[ah]
olmo (m)	elm (m)	[élm]
fresno (m)	shelg (m)	[ʃɛlg]
castaño (m)	gështenjë (f)	[gəʃtéɲə]

magnolia (f)	manjolia (f)	[maɲólia]
palmera (f)	palma (f)	[pálma]
ciprés (m)	qiparis (m)	[ciparís]

mangle (m)	rizoforë (f)	[rizofórə]
baobab (m)	baobab (m)	[baobáb]
eucalipto (m)	eukalipt (m)	[ɛukalípt]
secoya (f)	sekuojë (f)	[sɛkuójə]

187. Los arbustos

mata (f)	shkurre (f)	[ʃkúrɛ]
arbusto (m)	kaçube (f)	[katʃúbɛ]

| vid (f) | hardhi (f) | [harðí] |
| viñedo (m) | vreshtë (f) | [vréʃtə] |

frambueso (m)	mjedër (f)	[mjédər]
grosella (f) negra	kaliboba e zezë (f)	[kalibóba ɛ zézə]
grosellero (f) rojo	kaliboba e kuqe (f)	[kalibóba ɛ kúcɛ]
grosellero (m) espinoso	shkurre kulumbrie (f)	[ʃkúrɛ kulumbríɛ]

acacia (f)	akacie (f)	[akátsiɛ]
berberís (m)	krespinë (f)	[krɛspínə]
jazmín (m)	jasemin (m)	[jasɛmín]

enebro (m)	dëllinjë (f)	[dəɫíɲə]
rosal (m)	trëndafil (m)	[trəndafíl]
escaramujo (m)	trëndafil i egër (m)	[trəndafíl i égər]

188. Los hongos

seta (f)	kërpudhë (f)	[kərpúðə]
seta (f) comestible	kërpudhë ushqyese (f)	[kərpúðə uʃcýɛsɛ]
seta (f) venenosa	kërpudhë helmuese (f)	[kərpúðə hɛlmúɛsɛ]
sombrerete (m)	koka e kërpudhës (f)	[kóka ɛ kərpúðəs]
estipe (m)	bishti i kërpudhës (m)	[bíʃti i kərpúðəs]

seta calabaza (f)	porcini (m)	[portsíni]
boleto (m) castaño	kërpudhë kapuç-verdhë (f)	[kərpúðə kapútʃ-vérðə]
boleto (m) áspero	porcinela (f)	[portsinéla]
rebozuelo (m)	shanterele (f)	[ʃantɛrélɛ]
rúsula (f)	rusula (f)	[rúsula]

colmenilla (f)	morele (f)	[morélɛ]
matamoscas (m)	kësulkuqe (f)	[kəsulkúcɛ]
oronja (f) verde	kërpudha e vdekjes (f)	[kərpúða ɛ vdékjɛs]

189. Las frutas. Las bayas

| fruto (m) | frut (m) | [frut] |
| frutos (m pl) | fruta (pl) | [frúta] |

manzana (f)	mollë (f)	[móɫə]
pera (f)	dardhë (f)	[dárðə]
ciruela (f)	kumbull (f)	[kúmbuɫ]

fresa (f)	luleshtrydhe (f)	[lulɛʃtrýðɛ]
guinda (f)	qershi vishnje (f)	[cɛrʃi víʃɲɛ]
cereza (f)	qershi (f)	[cɛrʃí]
uva (f)	rrush (m)	[ruʃ]

frambuesa (f)	mjedër (f)	[mjédər]
grosella (f) negra	kaliboba e zezë (f)	[kalibóba ɛ zézə]
grosella (f) roja	kaliboba e kuqe (f)	[kalibóba ɛ kúcɛ]
grosella (f) espinosa	kulumbri (f)	[kulumbrí]

arándano (m) agrio	boronica (f)	[boronítsa]
naranja (f)	portokall (m)	[portokáł]
mandarina (f)	mandarinë (f)	[mandarínǝ]
ananás (m)	ananas (m)	[ananás]
banana (f)	banane (f)	[banánɛ]
dátil (m)	hurmë (f)	[húrmǝ]

limón (m)	limon (m)	[limón]
albaricoque (m)	kajsi (f)	[kajsí]
melocotón (m)	pjeshkë (f)	[pjéʃkǝ]
kiwi (m)	kivi (m)	[kívi]
pomelo (m)	grejpfrut (m)	[grɛjpfrút]

baya (f)	manë (f)	[mánǝ]
bayas (f pl)	mana (f)	[mána]
arándano (m) rojo	boronicë mirtile (f)	[boronítsǝ mirtílɛ]
fresa (f) silvestre	luleshtrydhe e egër (f)	[lulɛʃtrýðɛ ɛ égǝr]
arándano (m)	boronicë (f)	[boronítsǝ]

190. Las flores. Las plantas

flor (f)	lule (f)	[lúlɛ]
ramo (m) de flores	buqetë (f)	[bucétǝ]

rosa (f)	trëndafil (m)	[trǝndafíl]
tulipán (m)	tulipan (m)	[tulipán]
clavel (m)	karafil (m)	[karafíl]
gladiolo (m)	gladiolë (f)	[gladiólǝ]

aciano (m)	lule misri (f)	[lúlɛ mísri]
campanilla (f)	lule këmborë (f)	[lúlɛ kǝmbórǝ]
diente (m) de león	luleradhiqe (f)	[lulɛraðícɛ]
manzanilla (f)	kamomil (m)	[kamomíl]

áloe (m)	aloe (f)	[alóɛ]
cacto (m)	kaktus (m)	[kaktús]
ficus (m)	fikus (m)	[fíkus]

azucena (f)	zambak (m)	[zambák]
geranio (m)	barbarozë (f)	[barbarózǝ]
jacinto (m)	zymbyl (m)	[zymbýl]

mimosa (f)	mimoza (f)	[mimóza]
narciso (m)	narcis (m)	[nartsís]
capuchina (f)	lule këmbore (f)	[lúlɛ kǝmbórɛ]

orquídea (f)	orkide (f)	[orkidé]
peonía (f)	bozhure (f)	[boʒúrɛ]
violeta (f)	vjollcë (f)	[vjółtsǝ]

trinitaria (f)	lule vjollca (f)	[lúlɛ vjółtsa]
nomeolvides (f)	mosmëharro (f)	[mosmǝharó]
margarita (f)	margaritë (f)	[margarítǝ]
amapola (f)	lulëkuqe (f)	[lulǝkúcɛ]

cáñamo (m)	kërp (m)	[kérp]
menta (f)	mendër (f)	[méndər]

muguete (m)	zambak i fushës (m)	[zambák i fúʃəs]
campanilla (f) de las nieves	luleborë (f)	[lulɛbórə]

ortiga (f)	hithra (f)	[híθra]
acedera (f)	lëpjeta (f)	[ləpjéta]
nenúfar (m)	zambak uji (m)	[zambák új̇i]
helecho (m)	fier (m)	[fíɛr]
liquen (m)	likene (f)	[likénɛ]

invernadero (m) tropical	serrë (f)	[sérə]
césped (m)	lëndinë (f)	[ləndínə]
macizo (m) de flores	kënd lulishteje (m)	[kənd lulíʃtɛjɛ]

planta (f)	bimë (f)	[bímə]
hierba (f)	bar (m)	[bar]
hoja (f) de hierba	fije bari (f)	[fíjɛ bári]

hoja (f)	gjeth (m)	[ɟɛθ]
pétalo (m)	petale (f)	[pɛtálɛ]
tallo (m)	bisht (m)	[biʃt]
tubérculo (m)	zhardhok (m)	[ʒarðók]

retoño (m)	filiz (m)	[filíz]
espina (f)	gjemb (m)	[ɟémb]

florecer (vi)	lulëzoj	[luləzój]
marchitarse (vr)	vyshket	[výʃkɛt]
olor (m)	aromë (f)	[arómə]
cortar (vt)	pres lulet	[prɛs lúlɛt]
coger (una flor)	mbledh lule	[mbléð lúlɛ]

191. Los cereales, los granos

grano (m)	drithë (m)	[dríθə]
cereales (m pl) (plantas)	drithëra (pl)	[dríθəra]
espiga (f)	kaush (m)	[kaúʃ]

trigo (m)	grurë (f)	[grúrə]
centeno (m)	thekër (f)	[θékər]
avena (f)	tërshërë (f)	[tərʃérə]
mijo (m)	mel (m)	[mɛl]
cebada (f)	elb (m)	[ɛlb]
maíz (m)	misër (m)	[mísər]
arroz (m)	oriz (m)	[oríz]
alforfón (m)	hikërr (m)	[híkər]

guisante (m)	bizele (f)	[bizélɛ]
fréjol (m)	groshë (f)	[gróʃə]
soya (f)	sojë (f)	[sójə]
lenteja (f)	thjerrëz (f)	[θjérəz]
habas (f pl)	fasule (f)	[fasúlɛ]

GEOGRAFÍA REGIONAL

Los países. Las nacionalidades

192. La política. El gobierno. Unidad 1

política (f)	politikë (f)	[politíkə]
política (adj)	politike	[politíkɛ]
político (m)	politikan (m)	[politikán]

Estado (m)	shtet (m)	[ʃtɛt]
ciudadano (m)	nënshtetas (m)	[nənʃtétas]
ciudadanía (f)	nënshtetësi (f)	[nənʃtɛtəsí]

| escudo (m) nacional | simbol kombëtar (m) | [simból kombətár] |
| himno (m) nacional | himni kombëtar (m) | [hímni kombətár] |

gobierno (m)	qeveri (f)	[cɛvɛrí]
jefe (m) de estado	kreu i shtetit (m)	[kréu i ʃtétit]
parlamento (m)	parlament (m)	[parlamént]
partido (m)	parti (f)	[partí]

| capitalismo (m) | kapitalizëm (m) | [kapitalízəm] |
| capitalista (adj) | kapitalist | [kapitalíst] |

| socialismo (m) | socializëm (m) | [sotsialízəm] |
| socialista (adj) | socialist | [sotsialíst] |

comunismo (m)	komunizëm (m)	[komunízəm]
comunista (adj)	komunist	[komuníst]
comunista (m)	komunist (m)	[komuníst]

democracia (f)	demokraci (f)	[dɛmokratsí]
demócrata (m)	demokrat (m)	[dɛmokrát]
democrático (adj)	demokratik	[dɛmokratík]
partido (m) democrático	parti demokratike (f)	[partí dɛmokratíkɛ]

| liberal (m) | liberal (m) | [libɛrál] |
| liberal (adj) | liberal | [libɛrál] |

| conservador (m) | konservativ (m) | [konsɛrvatív] |
| conservador (adj) | konservativ | [konsɛrvatív] |

república (f)	republikë (f)	[rɛpublíkə]
republicano (m)	republikan (m)	[rɛpublikán]
partido (m) republicano	parti republikane (f)	[partí rɛpublikánɛ]

| elecciones (f pl) | zgjedhje (f) | [zɟéðjɛ] |
| elegir (vi) | zgjedh | [zɟɛð] |

elector (m)	zgjedhës (m)	[zɟéðəs]
campaña (f) electoral	fushatë zgjedhore (f)	[fuʃátə zɟɛðórɛ]
votación (f)	votim (m)	[votím]
votar (vi)	votoj	[votój]
derecho (m) a voto	e drejta e votës (f)	[ɛ dréjta ɛ vótəs]
candidato (m)	kandidat (m)	[kandidát]
presentar su candidatura	jam kandidat	[jam kandidát]
campaña (f)	fushatë (f)	[fuʃátə]
de oposición (adj)	opozitar	[opozitár]
oposición (f)	opozitë (f)	[opozítə]
visita (f)	vizitë (f)	[vizítə]
visita (f) oficial	vizitë zyrtare (f)	[vizítə zyrtárɛ]
internacional (adj)	ndërkombëtar	[ndərkombətár]
negociaciones (f pl)	negociata (f)	[nɛgotsiáta]
negociar (vi)	negocioj	[nɛgotsiój]

193. La política. El gobierno. Unidad 2

sociedad (f)	shoqëri (f)	[ʃocərí]
constitución (f)	kushtetutë (f)	[kuʃtɛtútə]
poder (m)	pushtet (m)	[puʃtét]
corrupción (f)	korrupsion (m)	[korupsión]
ley (f)	ligj (m)	[liɟ]
legal (adj)	ligjor	[liɟór]
justicia (f)	drejtësi (f)	[drɛjtəsí]
justo (adj)	e drejtë	[ɛ dréjtə]
comité (m)	komitet (m)	[komitét]
proyecto (m) de ley	projektligj (m)	[projɛktlíɟ]
presupuesto (m)	buxhet (m)	[budʒét]
política (f)	politikë (f)	[politíkə]
reforma (f)	reformë (f)	[rɛfórmə]
radical (adj)	radikal	[radikál]
potencia (f) (~ militar, etc.)	fuqi (f)	[fucí]
poderoso (adj)	i fuqishëm	[i fucíʃəm]
partidario (m)	mbështetës (m)	[mbəʃtétəs]
influencia (f)	ndikim (m)	[ndikím]
régimen (m)	regjim (m)	[rɛɟím]
conflicto (m)	konflikt (m)	[konflíkt]
complot (m)	komplot (m)	[komplót]
provocación (f)	provokim (m)	[provokím]
derrocar (al régimen)	rrëzoj	[rəzój]
derrocamiento (m)	rrëzim (m)	[rəzím]
revolución (f)	revolucion (m)	[rɛvolutsión]

| golpe (m) de estado | grusht shteti (m) | [grúʃt ʃtéti] |
| golpe (m) militar | puç ushtarak (m) | [putʃ uʃtarák] |

crisis (m)	krizë (f)	[krízə]
recesión (f) económica	recesion ekonomik (m)	[rɛtsɛsión ɛkonomík]
manifestante (m)	protestues (m)	[protɛstúɛs]
manifestación (f)	protestë (f)	[protéstə]
ley (m) marcial	ligj ushtarak (m)	[liɟ uʃtarák]
base (f) militar	bazë ushtarake (f)	[bázə uʃtarákɛ]

| estabilidad (f) | stabilitet (m) | [stabilitét] |
| estable (adj) | stabil | [stabíl] |

| explotación (f) | shfrytëzim (m) | [ʃfrytəzím] |
| explotar (vt) | shfrytëzoj | [ʃfrytəzój] |

racismo (m)	racizëm (m)	[ratsízəm]
racista (m)	racist (m)	[ratsíst]
fascismo (m)	fashizëm (m)	[faʃízəm]
fascista (m)	fashist (m)	[faʃíst]

194. Los países. Miscelánea

extranjero (m)	i huaj (m)	[i húaj]
extranjero (adj)	huaj	[húaj]
en el extranjero	jashtë shteti	[jáʃtə ʃtéti]

emigrante (m)	emigrant (m)	[ɛmigránt]
emigración (f)	emigracion (m)	[ɛmigratsión]
emigrar (vi)	emigroj	[ɛmigrój]

Oeste (m)	Perëndimi (m)	[pɛrəndími]
Este (m)	Lindja (f)	[líndja]
Extremo Oriente (m)	Lindja e Largët (f)	[líndja ɛ lárgət]

civilización (f)	civilizim (m)	[tsivilizím]
humanidad (f)	njerëzia (f)	[ɲɛrəzía]
mundo (m)	bota (f)	[bóta]
paz (f)	paqe (f)	[pácɛ]
mundial (adj)	botëror	[botərór]

patria (f)	atdhe (f)	[atðé]
pueblo (m)	njerëz (m)	[ɲérəz]
población (f)	popullsi (f)	[popuɫsí]
gente (f)	njerëz (m)	[ɲérəz]
nación (f)	komb (m)	[komb]
generación (f)	brez (m)	[brɛz]

territorio (m)	zonë (f)	[zónə]
región (m)	rajon (m)	[rajón]
estado (m) (parte de un país)	shtet (m)	[ʃtɛt]

| tradición (f) | traditë (f) | [tradítə] |
| costumbre (f) | zakon (m) | [zakón] |

ecología (f)	ekologjia (f)	[εkoloɟía]
indio (m)	Indian të Amerikës (m)	[indián tə amεríkəs]
gitano (m)	jevg (m)	[jεvg]
gitana (f)	jevge (f)	[jévgε]
gitano (adj)	jevg	[jεvg]

imperio (m)	perandori (f)	[pεrandorí]
colonia (f)	koloni (f)	[koloní]
esclavitud (f)	skllevëri (m)	[sktεvərí]
invasión (f)	pushtim (m)	[puʃtím]
hambruna (f)	uria (f)	[uría]

195. Grupos religiosos principales. Las confesiones

religión (f)	religjion (m)	[rεliɟión]
religioso (adj)	religjioz	[rεliɟióz]

creencia (f)	fe, besim (m)	[fé], [bεsím]
creer (en Dios)	besoj	[bεsój]
creyente (m)	besimtar (m)	[bεsimtár]

ateísmo (m)	ateizëm (m)	[atεízəm]
ateo (m)	ateist (m)	[atεíst]

cristianismo (m)	Krishterimi (m)	[kriʃtεrími]
cristiano (m)	i krishterë (m)	[i kriʃtérə]
cristiano (adj)	krishterë	[kriʃtérə]

catolicismo (m)	Katolicizëm (m)	[katolitsízəm]
católico (m)	Katolik (m)	[katolík]
católico (adj)	katolik	[katolík]

protestantismo (m)	Protestantizëm (m)	[protεstantízəm]
Iglesia (f) Protestante	Kishë Protestante (f)	[kíʃə protεstántε]
protestante (m)	Protestant (m)	[protεstánt]

Ortodoxia (f)	Ortodoksia (f)	[ortodoksía]
Iglesia (f) Ortodoxa	Kishë Ortodokse (f)	[kíʃə ortodóksε]
ortodoxo (m)	Ortodoks (m)	[ortodóks]

Presbiterianismo (m)	Presbiterian (m)	[prεsbitεrián]
Iglesia (f) Presbiteriana	Kishë Presbiteriane (f)	[kíʃə prεsbitεriánε]
presbiteriano (m)	Presbiterian (m)	[prεsbitεrián]

Iglesia (f) Luterana	Luterianizëm (m)	[lutεrianízəm]
luterano (m)	Luterian (m)	[lutεrián]

Iglesia (f) Bautista	Kishë Baptiste (f)	[kíʃə baptístε]
bautista (m)	Baptist (m)	[baptíst]

Iglesia (f) Anglicana	Kishë Anglikane (f)	[kíʃə aŋlikánε]
anglicano (m)	Anglikan (m)	[aŋlikán]
mormonismo (m)	Mormonizëm (m)	[mormonízəm]
mormón (m)	Mormon (m)	[mormón]

| judaísmo (m) | Judaizëm (m) | [judaízəm] |
| judío (m) | çifut (m) | [tʃifút] |

| Budismo (m) | Budizëm (m) | [budízəm] |
| budista (m) | Budist (m) | [budíst] |

| Hinduismo (m) | Hinduizëm (m) | [hinduízəm] |
| hinduista (m) | Hindu (m) | [híndu] |

Islam (m)	Islam (m)	[islám]
musulmán (m)	Mysliman (m)	[myslimán]
musulmán (adj)	Mysliman	[myslimán]

| chiísmo (m) | Islami Shia (m) | [islámi ʃía] |
| chiita (m) | Shiitë (f) | [ʃíítə] |

| sunismo (m) | Islami Suni (m) | [islámi súni] |
| suní (m, f) | Sunit (m) | [sunít] |

196. Las religiones. Los sacerdotes

| sacerdote (m) | prift (m) | [prift] |
| Papa (m) | Papa (f) | [pápa] |

monje (m)	murg, frat (m)	[murg], [frat]
monja (f)	murgeshë (f)	[murgéʃə]
pastor (m)	pastor (m)	[pastór]

abad (m)	abat (m)	[abát]
vicario (m)	famullitar (m)	[famuɬitár]
obispo (m)	peshkop (m)	[pɛʃkóp]
cardenal (m)	kardinal (m)	[kardinál]

predicador (m)	predikues (m)	[prɛdikúɛs]
prédica (f)	predikim (m)	[prɛdikím]
parroquianos (m pl)	faullistë (f)	[fauɬístə]

| creyente (m) | besimtar (m) | [bɛsimtár] |
| ateo (m) | ateist (m) | [atɛíst] |

197. La fé. El cristianismo. El islamismo

| Adán | Adam (m) | [adám] |
| Eva | eva (f) | [éva] |

Dios (m)	Zot (m)	[zot]
Señor (m)	Zoti (m)	[zóti]
el Todopoderoso	i Plotfuqishmi (m)	[i plotfucíʃmi]

pecado (m)	mëkat (m)	[məkát]
pecar (vi)	mëkatoj	[məkatój]
pecador (m)	mëkatar (m)	[məkatár]

pecadora (f)	mëkatare (f)	[məkatárɛ]
infierno (m)	ferr (m)	[fɛr]
paraíso (m)	parajsë (f)	[parájsə]

Jesús	Jezus (m)	[jézus]
Jesucristo (m)	Jezu Krishti (m)	[jézu kríʃti]

Espíritu (m) Santo	Shpirti i Shenjtë (m)	[ʃpírti i ʃéɲtə]
el Salvador	Shpëtimtar (m)	[ʃpətimtár]
la Virgen María	e Virgjëra Meri (f)	[ɛ vírɟəra méri]

diablo (m)	Djalli (m)	[djáɫi]
diabólico (adj)	i djallit	[i djáɫit]
Satán (m)	Satani (m)	[satáni]
satánico (adj)	satanik	[sataník]

ángel (m)	engjëll (m)	[éɲɟəɫ]
ángel (m) custodio	engjëlli mbrojtës (m)	[éɲɟəɫi mbrójtəs]
angelical (adj)	engjëllor	[ɛɲɟəɫór]

apóstol (m)	apostull (m)	[apóstuɫ]
arcángel (m)	kryeengjëll (m)	[kryɛéɲɟəɫ]
anticristo (m)	Antikrishti (m)	[antikríʃti]

Iglesia (f)	Kishë (f)	[kíʃə]
Biblia (f)	Bibla (f)	[bíbla]
bíblico (adj)	biblik	[biblík]

Antiguo Testamento (m)	Dhiata e Vjetër (f)	[ðiáta ɛ vjétər]
Nuevo Testamento (m)	Dhiata e Re (f)	[ðiáta ɛ ré]
Evangelio (m)	ungjill (m)	[unɟíɫ]
Sagrada Escritura (f)	Libri i Shenjtë (m)	[líbri i ʃéɲtə]
cielo (m)	parajsa (f)	[parájsa]

mandamiento (m)	urdhëresë (f)	[urðərésə]
profeta (m)	profet (m)	[profét]
profecía (f)	profeci (f)	[profɛtsí]

Alá	Allah (m)	[aɫáh]
Mahoma	Muhamed (m)	[muhaméd]
Corán (m)	Kurani (m)	[kuráni]

mezquita (f)	xhami (f)	[dʒamí]
mulá (m), mullah (m)	hoxhë (m)	[hódʒə]
oración (f)	lutje (f)	[lútjɛ]
orar (vi)	lutem	[lútɛm]

peregrinación (f)	pelegrinazh (m)	[pɛlɛgrináʒ]
peregrino (m)	pelegrin (m)	[pɛlɛgrín]
La Meca	Mekë (f)	[mékə]

iglesia (f)	kishë (f)	[kíʃə]
templo (m)	tempull (m)	[témpuɫ]
catedral (f)	katedrale (f)	[katɛdrálɛ]
gótico (adj)	Gotik	[gotík]
sinagoga (f)	sinagogë (f)	[sinagógə]

mezquita (f)	xhami (f)	[dʒamí]
capilla (f)	kishëz (m)	[kíʃəz]
abadía (f)	abaci (f)	[ábatsi]
monasterio (m)	manastir (m)	[manastír]

campana (f)	kambanë (f)	[kambánə]
campanario (m)	kulla e kambanës (f)	[kúła ɛ kambánəs]
sonar (vi)	bien	[bíɛn]

cruz (f)	kryq (m)	[kryc]
cúpula (f)	kupola (f)	[kupóla]
icono (m)	ikona (f)	[ikóna]

alma (f)	shpirt (m)	[ʃpirt]
destino (m)	fat (m)	[fat]
maldad (f)	e keqe (f)	[ɛ kécɛ]
bien (m)	e mirë (f)	[ɛ mírə]

vampiro (m)	vampir (m)	[vampír]
bruja (f)	shtrigë (f)	[ʃtrígə]
demonio (m)	djall (m)	[djáł]
espíritu (m)	shpirt (m)	[ʃpirt]

redención (f)	shëlbim (m)	[ʃəlbím]
redimir (vt)	shëlbej	[ʃəlbéj]

culto (m), misa (f)	meshë (f)	[méʃə]
decir misa	lus meshë	[lús méʃə]
confesión (f)	rrëfim (m)	[rəfím]
confesarse (vr)	rrëfej	[rəféj]

santo (m)	shenjt (m)	[ʃɛɲt]
sagrado (adj)	i shenjtë	[i ʃéɲtə]
agua (f) santa	ujë i bekuar (m)	[újə i bɛkúar]

rito (m)	ritual (m)	[rituál]
ritual (adj)	ritual	[rituál]
sacrificio (m)	sakrificë (f)	[sakrifítsə]

superstición (f)	besëtytni (f)	[bɛsətytní]
supersticioso (adj)	supersticioz	[supɛrstitsióz]
vida (f) de ultratumba	jeta e përtejme (f)	[jéta ɛ pərtéjmɛ]
vida (f) eterna	përjetësia (f)	[pərjɛtəsía]

MISCELÁNEA

198. Varias palabras útiles

alto (m) (descanso)	pauzë (f)	[paúzə]
ayuda (f)	ndihmë (f)	[ndíhmə]
balance (m)	ekuilibër (m)	[ɛkuilíbər]
barrera (f)	pengesë (f)	[pɛŋésə]
base (f) (~ científica)	bazë (f)	[bázə]
categoría (f)	kategori (f)	[katɛgorí]
causa (f)	shkak (m)	[ʃkak]
coincidencia (f)	rastësi (f)	[rastəsí]
comienzo (m) (principio)	fillim (m)	[fiɬím]
comparación (f)	krahasim (m)	[krahasím]
compensación (f)	shpërblim (m)	[ʃpərblím]
confortable (adj)	i rehatshëm	[i rɛhátʃəm]
cosa (f) (objeto)	gjë (f)	[ɟə]
crecimiento (m)	rritje (f)	[rítjɛ]
desarrollo (m)	zhvillim (m)	[ʒviɬím]
diferencia (f)	ndryshim (m)	[ndryʃím]
efecto (m)	efekt (m)	[ɛfékt]
ejemplo (m)	shembull (m)	[ʃémbuɬ]
elección (f)	zgjedhje (f)	[zɟéðjɛ]
elemento (m)	element (m)	[ɛlɛmént]
error (m)	gabim (m)	[gabím]
esfuerzo (m)	përpjekje (f)	[pərpjékjɛ]
estándar (adj)	standard	[standárd]
estándar (m)	standard (m)	[standárd]
estilo (m)	stil (m)	[stil]
fin (m)	fund (m)	[fund]
fondo (m) (color de ~)	sfond (m)	[sfónd]
forma (f) (contorno)	formë (f)	[fórmə]
frecuente (adj)	i shpeshtë	[i ʃpéʃtə]
grado (m) (en mayor ~)	nivel (m)	[nivél]
hecho (m)	fakt (m)	[fakt]
ideal (m)	ideal (m)	[idɛál]
laberinto (m)	labirint (m)	[labirínt]
modo (m) (de otro ~)	rrugëzgjidhje (f)	[rugəzɟíðjɛ]
momento (m)	moment (m)	[momént]
objeto (m)	objekt (m)	[objékt]
obstáculo (m)	pengesë (f)	[pɛŋésə]
original (m)	origjinal (m)	[oriɟinál]
parte (f)	pjesë (f)	[pjésə]

partícula (f)	**grimcë** (f)	[grímtsə]
pausa (f)	**pushim** (m)	[puʃím]
posición (f)	**pozicion** (m)	[pozitsión]
principio (m) (tener por ~)	**parim** (m)	[parím]
problema (m)	**problem** (m)	[problém]
proceso (m)	**proces** (m)	[protsés]
progreso (m)	**ecje përpara** (f)	[étsjɛ pərpára]
propiedad (f) (cualidad)	**cilësi** (f)	[tsiləsí]
reacción (f)	**reagim** (m)	[rɛagím]
riesgo (m)	**rrezik** (m)	[rɛzík]
secreto (m)	**sekret** (m)	[sɛkrét]
serie (f)	**seri** (f)	[sɛrí]
sistema (m)	**sistem** (m)	[sistém]
situación (f)	**situatë** (f)	[situátə]
solución (f)	**zgjidhje** (f)	[zɟíðjɛ]
tabla (f) (~ de multiplicar)	**tabelë** (f)	[tabélə]
tempo (m) (ritmo)	**ritëm** (m)	[rítəm]
término (m)	**term** (m)	[tɛrm]
tipo (m) (~ de deportes)	**lloj** (m)	[ɬoj]
tipo (m) (no es mi ~)	**tip** (m)	[tip]
turno (m) (esperar su ~)	**kthesë** (f)	[kθésə]
urgente (adj)	**urgjent**	[urɟént]
urgentemente	**urgjentisht**	[urɟɛntíʃt]
utilidad (f)	**vegël** (f)	[végəl]
variante (f)	**variant** (m)	[variánt]
verdad (f)	**e vërtetë** (f)	[ɛ vərtétə]
zona (f)	**zonë** (f)	[zónə]

www.ingramcontent.com/pod-product-compliance
Lightning Source LLC
LaVergne TN
LVHW051342080426
835509LV00020BA/3249